Contenido

Introducción

¡Felicidades! Al adquirir este libro, has tomado la decisión de viajar a la zona espiritual, un acogedor lugar de confianza, paz, amor, pertenencia, alegría y abundancia. Si alguna vez te has sentido frustrado, estancado, solo, preocupado, pobre o quebrado, eso bien podría deberse a que, consciente o inconscientemente, has tenido limitadas suposiciones acerca de qué es posible en tu vida. La zona espiritual es un espacio de posibilidades ilimitadas, un lugar dentro de ti al que puedes acceder y en el que puedes disfrutar plenamente de todos los recursos del Universo como tu legítimo derecho de nacimiento, por ser parte integral del grandioso ser que Lo es Todo. La zona espiritual está a sólo un paso de donde ahora vives tu limitada vida; para llevarte a esa zona, te ayudaré a reconectarte con tu verdadera identidad, la cual es el amor. Usaremos la verdad y el perdón como nuestras principales herramientas.

En el fondo, todos somos seres espirituales, pero la fuerza de gravedad de nuestro medio físico y la feroz presión cultural del materialismo han provocado que muchos olvidemos esa esencial verdad sobre nosotros mismos. Mi intención en este libro es redespertarte al recuerdo de que en realidad eres un ser espiritual y de que la expresión na-

11

tural de tu espiritualidad es el amor. Considérame tu guía de viaje en la aventura de tu nueva vida.

Evoca algunos momentos de tu vida en los que algo extraordinariamente bello te sacó un instante de tu rutina diaria: un fabuloso amanecer rosado desplegándose ante ti, la vasta bóveda de un doble arco iris, un profundo contacto visual con un bebé, la sorpresiva aparición de un colibrí, una inesperada muestra de bondad de un desconocido. Muchos incidentes pueden de pronto despertarnos más plenamente a la belleza y bondad de la vida; estos sorpresivos momentos de conciencia elevada son asomos a la maravilla de la zona espiritual, donde toda la vida es esencialmente buena y hermosa.

Lo sepas o no, tu vida en la Tierra está dirigida por las decisiones que creas para ti mismo —consciente o inconscientemente— en la zona espiritual. Es en la zona espiritual donde escribes el libreto que más tarde actúas en el escenario de la realidad física. Todos y cada uno de nosotros somos elevados seres espirituales en diversos grados de desarrollo. Con la consciente aceptación de esta verdad, fluimos en el amor, la paz y la abundancia, pero retrocedemos cuando el temor y la ilusión nos arrojan a un estado contraído y autoprotector. Cuando estamos en línea con nuestro ser espiritual encontramos guía, paz, prosperidad, compañía, conexión, compasión, amor, propósito y todos los niveles de la realización. Pero, con frecuencia, de nuestra verdad espiritual nos distraen limitantes temores, dudas, juicios y todos los señuelos del materialismo. Por medio de la guía y ejemplos de este libro, espero inspirarte a optar por la verdad, pase lo que pase, y a usar una permanente práctica de perdón para identificar y sanar las ilusiones que te apartan del majestuoso amor y luz que son tu derecho de nacimiento como ser espiritual. Concibe este viaje como un regreso a casa. Bienvenido otra vez al lugar al que perteneces.

Entré conscientemente por primera vez a la zona espiritual hace muchos años, en la catedral de Notre-Dame, en París. Me había mudado a París luego de que se me ofreció un contrato de grabación. Había dejado mi empleo y abandonado mi vida en Los Ángeles sólo para llegar a París y enterarme de que el contrato había sido cancelado. La decepción fue tan grande que caí en un completo desplome emocional. Desesperadamente necesitado de guía, fui a Notre-Dame todos los días durante tres semanas para pedir que una señal me indicara qué hacer. El tercer día de la tercera semana, experimenté una visión que cambió mi vida. Estaba sentado solo en el silencio de la catedral casi vacía cuando de pronto me sentí impulsado a alzar la vista. Desde el techo, una luz púrpura cayó sobre mí, y luego vi a ángeles bailar a mi alrededor. Me hablaban telepáticamente, diciéndome que confiara en que era necesario que yo fuera a París y en que sería guiado y protegido. Ellos me despertaron a los aspectos espirituales de mí mismo que crean y energizan mi ser físico. Instantáneamente me comunicaron una experiencia del hondo mundo espiritual en actividad detrás de la realidad física común, y que es en ese lugar espiritual donde realmente ocurre la labor de crear nuestra vida. Pronto supe que podía acceder a ese lugar mediante una práctica de amor, verdad y perdón, y que mi misión es instruir a los demás acerca de ese más profundo aspecto de su ser. Acabé por concebir ese lugar interior como la zona espiritual.

La zona espiritual es un estado del ser, con sus propios protocolos de entrada, idioma, costumbres, códigos de conducta, dieta, modales, responsabilidades y ética. Algunos lectores podrían resistirse un poco a viajar a lo que les parece un territorio desconocido; otros serán más propensos a sentirse en casa desde el principio, reconociendo partes de la cultura de la zona espiritual con base en previos viajes espirituales; otros más reconocerán de inmediato este viaje a la zona espiritual como el feliz retorno a casa que realmente es. En cualquier caso, yo estoy aquí para guiarlos. Seré quien les recuerde las costumbres locales, los dirija en su posible confusión y los tranquilice si de vez en cuando dudan de haberse embarcado en el viaje correcto.

En busca de su propia zona espiritual, algunos lectores recorrerán mayores distancias que otros, pues quizá las circunstancias de sus previas experiencias en la vida los hayan llevado a sitios demasiado remotos, lejos de su hogar espiritual. No importa, porque podemos viajar más rápido que la velocidad de la luz: viajamos a la velocidad del discernimiento. Yo les ofreceré mapas de caminos, imágenes y perspectivas; les brindaré herramientas, guía y apoyo; los asesoraré en la confianza y la excelencia hasta que vuelvan a sentirse perfectamente en casa, de donde originalmente procedieron y el lugar al que pertenecerán siempre: la zona espiritual.

Yo estoy aquí para recordarte que todos somos seres espirituales. Optamos por encarnar en un cuerpo a causa del cúmulo de experiencias que la realidad física nos ofrece. Nuestro cuerpo nos permite ver, oír, tocar, gustar y oler; nos permite un magnífico y excepcional contacto con otros seres espirituales encarnados. Nuestro cuerpo nos capacita de muchas maneras, pero no es nosotros; es sólo el instrumento de nuestra ansia de experimentar. Si decidimos ver nuestro cuerpo como un instrumento, habremos dado el primer paso más allá de él y hacia la identificación con el mucho más grandioso ser espiritual que es nuestro verdadero ser ilimitado, nuestro ser imperial.

En la zona espiritual reconocemos que ya no estamos limitados —y nunca lo estuvimos— por las restricciones que asignamos equivocadamente a nuestro ser físico y a la realidad física. Despertamos a nuestra posibilidad como seres verdaderamente creativos que han adecuado esta existencia física a sí mismos. Por lo tanto, recordamos que decidimos encarnar en la realidad física a causa de las incontables oportunidades de esta experiencia. En la zona espiritual nuestra perspectiva pasa de sentirnos constreñidos por los límites de la vida a apreciar el ilimitado potencial creativo que nuestro ser imperial ha abrazado al regresar a este reino.

Esta nueva perspectiva tiene incontables aplicaciones prácticas. Una vez que accedas a la zona, reconocerás que esta vida nuestra está hecha de infinitas decisiones. Podrás despertar a la comprensión de que quizá hayas tomado la decisión inconsciente de estar solo o necesitado o de sentirte pobre o desdichado. ¡Ahora puedes tomar una decisión distinta! Ésta es la velocidad de la introspección. Una vez que te das cuenta de que has establecido las circunstancias de tu vida para darte lecciones particulares, puedes identificar una lección específica, integrarla a la vastedad de tu ser y decidir pasar a algo menos doloroso y más edificante.

Puedes llegar allá desde el lugar donde estás ahora. Ya te has puesto en marcha. Yo soy tu guía. Por obra de mi intención consciente, vivo en la zona espiritual, y tú también, aun si lo has olvidado. Soy tu compañero de viaje a través del proceso del recuerdo. Al adquirir este manual, ya has dado el primer paso a la zona espiritual: has tomado

la decisión de invitar el cambio en tu vida. Este acto apa-
rentemente simple ha alertado a tus guías, ángeles y aliados espirituales de estar al pendiente para asistirte en tu
grandioso despertar.

El viaje a la zona espiritual puede abordarse como cualquier otro. Si planearas viajar a Italia en tus vacaciones de
verano, ¿no te prepararías para tu excursión informándote
lo más posible sobre la gente de la localidad y sus costumbres? ¿Sobre cómo se tratan los italianos entre ellos?
¿Cómo actúan? ¿Cuáles son sus protocolos sociales? ¿Qué
podrías aprender de su idioma? ¿Cuál es la dieta local? ¿Si
hacen ejercicio?

Aun la emocionada expectación de unas vacaciones en
Italia podría verse empañada por un poco de ansiedad: después de todo, dejarás la comodidad de lo familiar (por in-
cómoda que sea) por un lugar desconocido. Aunque vayas
a experimentar la suntuosidad del *David* de Miguel Ángel
y de la mano de Dios en el techo de la Capilla Sixtina,
el romanticismo de ver Venecia desde una góndola y el
estremecimiento de recorrer la costa de Amalfi en tu Alfa
Romeo mientras la brisa del Mediterráneo agita tu cabello,
hasta que llegues y seas cautivado por esas maravillosas
experiencias, *hasta que se vuelvan conocidas para ti*, probablemente estarán acompañadas por cierta ansiedad ante
lo desconocido. ¿Qué tienes que hacer para tomar una góndola? ¿Dónde puedes rentar un Alfa Romeo? ¿Cómo debes
ordenar una pasta? ¿Cómo puedes obtener conocimiento
de lo desconocido? Yo estoy aquí para ser tu guía, y estoy
feliz de poder dirigirte hacia el cumplimiento de todos tus
deseos en la zona espiritual.

Así que permíteme contarte un poco sobre nuestro viaje.
He dividido nuestro itinerario en tres partes:

10 PASOS

CAMBIAR

TU VIDA

10 PASOS PARA CAMBIAR TU VIDA

APRENDE A VIVIR EN LA ZONA ESPIRITUAL

GARY QUINN

DIANA

Título original: *Living in the Spiritual Zone*
Traducción: Enrique Mercado González

Diseño de portada: Rodrigo Figueroa
Diseño de interiores: Editorial Aguirre Hermanos, S.A. de C.V.

Derechos exclusivos en español para todo el mundo, autorizados
mediante acuerdo con Hodder and Stoughton Limited

© 2008, Gary Quinn

© 2008, Editorial Diana, S.A. de C.V.
Avenida Presidente Masarik núm. 111, 2o. piso
Colonia Chapultepec Morales
C.P. 11570 México, D.F.
www.diana.com.mx

Primera edición: febrero de 2008
ISBN: 978-968-13-4370-5

Impreso en los talleres de Litográfica Ingramex, S.A. de C.V.
Centeno núm. 162, colonia Granjas Esmeralda, México, D.F.
Impreso y hecho en México − *Printed and made in Mexico*

Elogios para Gary Quinn

"Gary está aquí para sacudirnos, despertarnos y mostrarnos a nosotros mismos".

Leeza Gibbons
conductora/productora de televisión y
directora general de The Memory Center Foundation

"El benévolo y extraordinario libro de Gary es de lectura obligada para todos los que siguen una senda espiritual. Léelo y resplandecerás".

Denise Linn
autora de *Soul Coaching: 28 Days to Discover
Your Authentic Self* (Dirección del alma:
28 días para descubrir tu verdadero ser)

"¡Gary Quinn es inspiración pura! Disfruta tu viaje a la zona espiritual; ¡no hubieras podido encontrar mejor guía y maestro!"

Stephanie Saible
jefa de redacción, *Woman's World*
(El mundo de la mujer)

"Este increíble libro te da las herramientas que necesitas para asumir tu poder".

Esther Williams
sensación acuática de la Metro-Goldwyn-Mayer (MGM)
y autora de *The Million Dollar Mermaid* (La sirena del millón de dólares), éxito de ventas según el *New York Times*

"¡Permite que Gary Quinn te lleve al viaje de tu vida y no querrás regresar! Libérate de tus temores más profundos y ábrete a tu potencial".

Dr. Eric Pearl
sanador y autor del éxito internacional
The Reconnection: Heal Others, Heal Yourself
(La reconexión: Sana a los demás, sánate a ti mismo)

"Gary Quinn es muy perspicaz y está equipado con los conocimientos necesarios para alterar las percepciones. Con su guía, las dificultades de la vida pueden convertirse en experiencias positivas y satisfactorias. Su sabiduría es absolutamente moderna".

Vogue

"Gary Quinn es el eslabón perdido, el nuevo mensajero espiritual".

Revista *InStyle* (A la moda)

"*10 pasos para cambiar tu vida* es una rara mezcla de verdades simples que nos ayudan a dejar de lado nuestros dramas y hábitos. Este libro es un banquete para el alma".

James Twyman
productor de la película *Indigo* (Índigo) y autor del éxito
Emissary of Light (Emisario de la luz)

"Las bondadosas palabras de Gary incitan el deseo de comprender y la motivación personal para llegar hasta las energías universales que todos poseemos como clave para manifestar nuestro potencial".

Brit Elders
directora general, ShirleyMacLaine.com

"Gary Quinn ofrece verdad, amor y sabiduría espiritual en un libro sumamente legible. Con claridad y divinamente guiada intención, arroja una muy brillante luz sobre el sendero del amor".

Arielle Ford
autora de *Magical Souvenirs: True Spiritual Adventures from Around the World* (Souvenirs mágicos: Verdaderas aventuras espirituales del mundo entero)

"Gary nos abre a infinitas posibilidades... y nos dice que todo lo que tenemos que hacer es... alcanzarlas".

Sharon Tay
conductora de *MSNBC at the Movies*
(MSNBC en el cine), de MSNBC-TV

Dedico este libro a los buscadores espirituales de todo el mundo.

Quienes siguen y confían en su sendero interior sólo experimentarán grandeza en la vida.

1. Cómo llegar a la zona espiritual
2. Cómo permanecer en la zona espiritual
3. Cómo manifestarte en la zona espiritual

Primero consideraremos la preparación para el viaje: qué llevar, qué dejar. Esto requerirá un honesto examen de tus actuales sistemas de creencias, porque lo que crees ha creado tu vida tal como la conoces ahora. Consideraremos las formas mentales y adhesivos emocionales que nos mantienen estancados en nuestra realidad, y exploraremos las maneras de liberarnos de ellos. Una vez que estemos listos para emprender el viaje, partiremos en dirección a la zona. ¿Cómo llegaremos allá? Con imaginación, discernimiento, práctica... y mucha liberación.

Considérate en capacitación. Yo te daré meditaciones y ejercicios para que fortalezcas tu cuerpo y voluntad para tu viaje. Aprenderemos acerca de las costumbres y protocolos locales, y de las dietas: aprenderás a nutrirte en las latitudes espirituales.

Como parte de mi labor como maestro espiritual, asesor vital intuitivo y escritor, viajo mucho, para dirigir talleres y seminarios y realizar giras de promoción de mis libros. Hace poco, mientras preparaba una gira de conferencias por treinta ciudades que me llevaría primero a Inglaterra y después por Estados Unidos, oí a mi poderosa voz interior decirme que debía hacer algo para elevar la calidad de mi trabajo. Recientemente había asistido a una plática nocturna en Los Ángeles impartida por un hombre llamado Serrano Kelly. Este hombre dijo algo que me cambió para siempre. Dijo: "No debes tener ningún remordimiento al dejar esta Tierra".

Esta simple frase cayó sobre mí como un relámpago. Fui profundamente consciente de que recibía ese mensaje particular en ese momento particular con un propósito muy particular. De pronto desperté a la comprensión de que —aunque vivía intencionalmente en la zona espiritual— tenía remordimientos que remediar, cierto aseo emocional y espiritual por hacer antes de iniciar auténticamente esa gira al servicio de la verdad espiritual. Debía profundizar mi acceso a la zona espiritual.

Empecé entonces a analizar mis relaciones. De inmediato pensé en tres individuos con los que estaba en desequilibrio, con los que aún estaba fuera de la verdad. No había tiempo que perder; ¡estaba por salir de la ciudad! Llamé a uno de ellos, un antiguo amor con quien había roto mientras escribía mi primer libro, *May the Angels Be with You (Que los ángeles estén contigo)*. Había estado tan atareado con el libro y con mis demás ocupaciones que no había estado atento a nuestra relación. ¡Hasta olvidé nuestro aniversario! Esto dejó a mi ex enojada y frustrada. ¿Qué podía hacer yo para aliviar ese resentimiento? ¿Qué podía hacer para remediarlo? Le envié un enorme ramo de flores con una nota que decía "¡Feliz aniversario a destiempo!" y la invité a cenar, ocasión en la que me disculpé por no haber estado presente en nuestra relación. Decir esto abrió la puerta para que yo me percatara de que siempre había estado un poco emocionalmente bloqueado en esa relación. No me había compartido a mí mismo en un profundo nivel espiritual. Tal vez había dado mucho, pero no me había dado a mí. Descubrir esta verdad sobre mí y cómo había vivido mi vida fue tan intenso que empecé a llorar ahí mismo en el restaurante. Fue como si estallara una presa, disolviendo los bloqueos que habían conformado mi vida amorosa. Mi ex y yo hablamos mucho sobre cada una de nuestras deficiencias y cómo habían causado resentimientos y remordimientos. Nos perdonamos uno a otro y al instante nos sentimos tremendamente aligerados. Me perdoné las deficiencias de mi pasado. Ya en línea con la verdad, nos liberamos del resentimiento y pudimos seguir siendo útiles amigos.

Al llegar a casa esa noche le llamé a un amigo artista llamado Harold Dupré, que vive en Francia. Harold y yo habíamos sido buenos amigos durante quince años, pero en todo ese tiempo yo nunca había reconocido sus dones como artista. ¡Y es un artista extraordinario y extremadamente talentoso! Hasta el momento en que contemplé mis remordimientos desde la perspectiva de la zona espiritual, no había podido ver que —a causa de mis propias inseguridades— no había reconocido a Harold. Esa noche en el teléfono, le dije con toda sinceridad que era un artista maravillosamente talentoso; derroché los muy merecidos elogios que había retenido durante los largos años de nuestra amistad. Y sentí volar mi corazón, una notable, sanadora expansión. Entre más le daba a Harold, sentía que tenía más para dar. Podía darme más a mí mismo.

Ya encarrerado, a la mañana siguiente fui a visitar a mi madre. Cuando yo era chico, mi madre tuvo varios esposos. Con todos esos padrastros, nos mudamos mucho; fui a dieciséis escuelas en doce años. A pesar de todos los padrastros y la inestabilidad, ahora sé que mi madre hizo todo lo que pudo como madre. Me senté junto a ella en su sofá y por primera vez se lo dije; le dije muy directamente que había hecho un gran trabajo como mamá. Le dije que estaba profundamente agradecido por su amor y conocimiento y aportación y que creía que ella era fabulosa. Su energía cambió de inmediato. Una tremenda, desconocida tensión se evaporó. Sentí un enorme, inmediato cambio, como si una pesada fachada de ladrillo se derrumbara en mí. Mi mamá me abrazó y de pronto supe que ya podíamos tener una relación contemporánea y honesta.

Así fue como la zona espiritual trabajó en mí. Para que yo pudiera viajar a Inglaterra a compartir los discernimientos espirituales relacionados con mi libro *Angels*, mi ser espiritual me exigió liberarme de los tóxicos resentimientos y remordimientos a los que mi ser menos consciente se había aferrado. No tenía otra opción; debía aclarar mi propia verdad para poder llevar a cabo la labor espiritual que me reclamaba. Para poder hablar, antes tenía que hacer lo que decía. En el curso de esas sinceras conversaciones me sentí crecer del Gary conferencista y asesor intuitivo al Gary compartidor de la verdad. Y en esa verdad me acerqué milagrosamente a cada uno de esos individuos como nunca antes. En mi intención de vivir en la zona espiritual, me convertí en Gary en el flujo y servicio de la espiritualidad.

En cada una de esas relaciones, yo había retenido algo: agradecimiento, aprobación, elogio, amor, mis verdaderos sentimientos y mi ser. Era temor lo que había causado que me cohibiera, temor de que si les daba a esas personas el amor o reconocimiento que merecían, quedaría menos para mí. En vez de ser una fuente de abundante verdad espiritual, yo había funcionado como una válvula, actuando como si hubiera una bondad limitada como para que alcanzara para todos, y como si reconocer la bondad en los demás dejara menos bondad para mí. En la zona espiritual, sé que lo contrario es cierto. Entre más permitimos que nuestra verdad espiritual fluya libremente por nosotros, más disponibles nos volvemos a los sorprendentes y milagrosos dones que nuestra espiritualidad nos brinda.

Cuando procedemos de la verdad, de la conciencia superior, nuestros deseos cambian, y tenemos una relación completamente diferente con ellos. En la zona espiritual confiamos en que nuestros deseos son sanos y honorables. No hay una ilusión de competencia que me diga que mis deseos sólo pueden cumplirse excluyendo los de otra persona. No tenemos que contentarnos con situaciones de compromiso que reflejan nuestra indignidad. Puedo buscar directamente el cumplimiento de mis verdaderos deseos, con amor y sin culpa de que mi beneficio causará el perjuicio de alguien más. Al aprovechar oportunidades para la realización de mi verdadero ser, honro al Único Ser Verdadero, al que Lo es Todo, del que formo parte integral. En la zona espiritual, alineado con esa totalidad, sé que mis verdaderos deseos se cumplen sin costo para nadie, porque en verdad no hay escasez ni carencia. Mi beneficio es tu beneficio. Tu beneficio es mi beneficio, porque en verdad todos somos uno. En esta verdad, yo aporto un ser completamente diferente en todas mis situaciones y relaciones y compromisos. Ya no defiendo mi separación; en cambio, actúo en todas las decisiones hacia la unión y la reunión. El resultado es una experiencia profundamente satisfactoria de *flujo* espiritual. Ésta es la naturaleza de la vida en la zona espiritual.

Para darte una idea de cómo es la vida en la zona espiritual, imagínate por un momento como una fuente. Podrías ser la famosa Fuente de Trevi en Roma, o una conocida fuente de tu colonia. La energía universal fluye por ti, bullendo desde sus infinitas profundidades y agitándose hacia el exterior. Tu magnífico flujo te sostiene, lo mismo que a todo lo que entra en contacto contigo; es refrescante, inspirador, vigorizante. Tú proyectas afirmación, abundancia, opulencia y amor. La fuente universal hace fluir un ilimitado suministro de energía, amor, poder e ideas —todos ellos sustentadores— a través de ti y majestuosamente en dirección al mundo.

Tú eres una fuente al servicio de tu espiritualidad. Esta imagen de ti mismo es un pasaporte. Sintoniza un momento con ella y siente el torrente de tu energía espiritual correr por ti. Éste es tu derecho divino. Eres un canal de la fuente. Derramas energía universal en ti, tu familia y amigos, en todos los que entran en contacto contigo, provocando así que sonrisas despierten, que broten ideas, que florezcan corazones y flores.

Ahora detente, e imagínate como una válvula.

Te has propuesto regular el flujo de la energía universal, racionando el monto de bondad, amor y prosperidad en tu vida, por temor a que esos dones del espíritu se reduzcan y agoten. Como válvula, trabajas al servicio de la escasez, la duda y el temor, los grandes limitadores. Tu mente funciona bajo la ilusión de que nada es suficiente. Te pasas la vida preocupándote por la carencia. Te sientes rígido, contraído, frágil, estancado. Tu mente raciona la vida, y con ella el amor, la prosperidad y la felicidad.

¿Cómo quieres vivir tu vida: como fuente o como válvula? ¿Fomentando el flujo o limitándolo? ¿En la abundante zona espiritual o en la ilusión de escasez? Si te has identificado con la válvula más que con la *fuente* del flujo, has usurpado la autoridad del Universo. Vives en oposición al espíritu. No es de sorprender que, al parecer, no puedas tener lo que quieres en la vida: *te has opuesto a la fuente*.

Si en la vida no fluyes es que en realidad no vives. Nada llega a ti como destino final en la vida; sólo fluye por ti. Tu mente racional —racionadora— nunca aceptará esto, pero tú eres el dador de la fuente, y la fuente ofrece ilimitada energía, ideas, amor, confianza y poder que enriquecen tu vida y cumplen todos tus deseos al fluir por ti y hacia el mundo.

Si este libro ha llegado a tus manos, estás siendo llamado de vuelta a casa por tu espiritualidad. A lo largo de él trabajaremos juntos para devolverte al que es tu imperial derecho de nacimiento: la zona espiritual. Juntos comprometeremos tu siempre ensanchable corazón en una práctica de amor, perdón y verdad. Te veremos empezar a fluir.

Al inicio de este viaje, debes estar listo para colocarte en la total aceptación del temor, del apego, del dar y recibir. Cualquier cosa acerca de ti que hayas mantenido en la oscuridad debe ser llevada a la luz. *Sólo por medio de la indulgente aceptación de toda la verdad sobre ti podrás estar realmente a disposición del amor en todas sus milagrosas manifestaciones*. El amor es nuestra esencia como seres espirituales; satisface todas nuestras necesidades y cura todas nuestras enfermedades. Aceptar ahora mismo toda tu verdad es el portal a través de las triviales preocupaciones de tu mente racional hacia la amorosa suntuosidad de la zona espiritual.

Tu mente-ego controla mediante la duda y el temor, jugándote trampas en todo lo que haces en la vida; *pero sólo si tú se lo permites*. Debes estar dispuesto a tener temor, para que él no te tenga a ti. Contenidos en el corazón, el centro corporal de la energía espiritual, tus temores se evaporarán.

Ejerce ya tu derecho divino. Cada experiencia de tu vida es una oportunidad de profundizar en tu búsqueda espiritual. En el curso de este libro, mientras practicas el perdón y la confianza, empezarás a situarte en la verdad. Las limitadoras ilusiones de tu mente racional se desvanecerán cuando ella ceda tu identidad a tu infinito y amoroso ser espiritual. En la zona espiritual te descubrirás viviendo en el maravilloso flujo del amor, y tú también remontarás el vuelo.

La forma en que mi ser espiritual me llevó a poner mis relaciones pasadas en un correcto alineamiento para que pudiera iniciar mi gira de conferencias es un ejemplo de la guía específica que llega a nosotros cuando despertamos a nuestra identidad como seres espirituales. Por el hecho de buscarte en esta página de este libro, tú también estás siendo llamado a poner tu vida en línea con tu propósito espiritual, *ahora mismo*, en este momento. Vuelve a casa, a tu propósito real: el *amor*. Amor a ti mismo, amor a los demás, amor a toda la vida. Puedes acceder a tu propósito por medio de las prácticas gemelas de la verdad y el perdón. Este libro es una oportunidad inmediata para que aprendas, reconozcas y recuerdes que eres un ser espiritual conectado y amoroso. En la zona espiritual experimentarás una constante comunión con la fuente única, y sabrás que tienes derecho a todo lo que quieres en la vida. La fuente me ha traído hasta ti con estas ideas y ejercicios, para encontrarte y guiarte a casa.

Habrá dificultades mientras avanzamos juntos por este libro. Los apegos al materialismo se enquistan fuertemente y los antiguos hábitos se resisten a morir. Hemos invertido mucho en las ilusiones de la realidad física. Nos hemos dicho que no merecemos el amor, que por muchas razones no somos suficientemente buenos. Creemos que hemos hecho cosas imperdonables. Habitualmente hemos juzgado a los demás como mejores y peores que nosotros, con el resultado en ambos casos de apartarnos de ellos. Hemos preferido pensar en nosotros como individuos aislados, solitarios, y hemos fraguado toda clase de razones para convencernos de que no merecemos un contacto profundo con los demás ni la comunión con el espíritu.

Tales son los hábitos del ego mientras pugna por la soberanía sobre nuestra vida; teme ser aplastado y abandonado si entramos a la zona espiritual y cedemos el control de nuestra vida al espíritu. Liberarnos de un ego vigilante, determinado a ser soberano, puede ser difícil; éste es nuestro constante reto al confrontar la decisión del amor contra el temor.

La ambivalencia que podrías sentir al inicio de este viaje y el forcejeo que podrías experimentar mientras recorres este libro son las reacciones de tu ego, basado en el temor y autoprotector, que no quiere rendirse a tu conciencia superior. Hasta ahora, tu ego ha funcionado como un efectivo guardián, manteniéndote a salvo de sus percepciones de peligro, y por esto debe ser honrado. Pero también te ha privado de la grandeza de tu espiritualidad al suscribir la ilusión de que sólo eres tu ser corporal, y por esto debe ser perdonado.

Mientras avanzamos juntos hacia la conciencia superior de la zona espiritual, tú rebasarás los estrechos confines del ego. Por obra del mensaje y ejercicios de este libro, terminarás por identificarte con tu ser espiritual, infinitamente ensanchable, el cual no aplastará ni abandonará a tu ego, sino que, más bien, lo contendrá amorosamente, apreciará su adecuada utilidad y perdonará sus ilusiones de soberanía. Al adquirir este libro, por tu mera curiosidad de viajar a la zona espiritual, te embarcaste en una noble y sagrada búsqueda de amor. La verdad y el perdón son tus invencibles instrumentos. Un corazón pleno, la abundancia y una profunda comunión con toda la vida serán tus justas recompensas.

¿Nos vamos?

Parte uno

Cómo llegar a la zona espiritual

1
Despierta tu conciencia

Así como habrías empezado a planear tus vacaciones de fantasía a Italia con meses de anticipación, también has estado planeando esta aventura a la zona espiritual... durante toda tu vida. Todo lo que has sido y hecho te ha traído exactamente a este punto. Todos los pensamientos, sentimientos y experiencias que has tenido han contribuido a todo lo que eres justamente ahora; agradece a todos ellos haberte traído hasta la tremenda oportunidad espiritual de esta página justo en este momento. ¿Remordimientos? Claro, los has tenido —habrías podido despertar y llegar aquí meses, años o décadas antes—, pero recuerda por favor que todos los errores son oportunidades de aprendizaje: la primera vez muerden, la segunda se asustan. Así que aun tus errores te han dirigido justo a este momento, llevando tu sendero a tu punto de partida.

Considera que cuando naciste te hallabas en un estado de profundo adormecimiento; de hecho, pasabas durmiendo mucho más de la mitad del día. Mientras madurabas, fuiste cada vez más consciente; es probable que ahora tu cuerpo sólo duerma ocho horas al día o menos, apenas un tercio del día. El niño al que sólo le preocupaba la sobrevivencia maduró y se convirtió en un adulto consciente de sí mismo al que ahora le preocupa cómo despertar aún más conciencia en sí mismo. En vez de buscar alimento, abrigo, amor, sexo y consuelo como lo hiciste en previas etapas de desarrollo en tu vida, ahora estás iniciando tu búsqueda de significado espiritual, y toda la magia que viene con él.

No estás solo en este viaje. De hecho, viajas con compañía imperial. En esta búsqueda te han precedido los grandes místicos y filósofos e iniciados, porque esta búsqueda estuvo reservada alguna vez a la elite espiritual. Los tiempos han cambiado. Considera los cambios a la vida física de los últimos 200 años. Aun en los países más prósperos, los seres humanos vivían vidas muy simples en 1800: arar con mulas, leer a la luz de la vela, escribir con punzones y enviar cartas a caballo. Pero incluso esos recientes ancestros habían avanzado mucho en el arrollador materialismo que hoy ha cautivado a Occidente y a la sociedad mundial. Olvídate del arado y la siembra; ahora compramos alimentos cultivados, madurados, recolectados, lavados, irradiados, sazonados, preservados, precocinados y empacados en fábricas y listos para el microondas. Vemos películas y oímos libros en cintas; nos comunicamos por correo electrónico a la velocidad de la luz.

El empuje del materialismo trae consigo insatisfacciones inherentes: hemos perdido contacto, literalmente, con la Tierra. Piensa en esto: ¿qué tan a menudo tu piel toca el suelo? Salvo por nuestras humanizadas mascotas, también hemos perdido contacto con el reino animal. La asociación de tu bistatarabuelo con su mula al recorrer juntos los campos fue una de las actividades cooperativas más importantes en su vida. La pausa para hundir su pluma en el tintero lo obligaba a frecuentes momentos reflexivos. Imagino que hace 200 años había una conexión implícita con otros seres que sostuvo la vida espiritual de los abuelos de nuestros bisabuelos.

Hoy fingimos una conexión con toda la vida, tratando de simular que nuestro enlace de banda ancha con la Red Mundial es en sí mismo significativo. Sí, podemos enviar mensajes de correo electrónico a propios y extraños en cualquier parte del mundo en cuestión de segundos. Claro, ésa es una herramienta fantástica, pero, honestamente, ¿cuántas veces eso ha enriquecido tu vida espiritual?

Creo que el descenso al materialismo trae consigo el contrario que lo equilibra: la búsqueda de experiencia espiritual. Ésta es justo la búsqueda que nos induce a ti y a mí a estar juntos ahora. Sin duda que esta ansia de experiencia espiritual es ampliamente presente y creciente. Mira las estadísticas de venta de libros: los de autoayuda son el sector editorial de mayor crecimiento. Mira cómo la fiebre del aerobics y el ejercicio de los años ochenta ha sido eclipsada hoy por salas de yoga en cada esquina; ésta es una demostración perfecta de cómo en un periodo muy corto hemos pasado de concentrarnos (con cierta autoindulgencia) en nuestro ser físico a demandar que nuestro tiempo de ejercicio satisfaga tanto nuestras necesidades espirituales como las corporales.

Todo para decirte que no estás solo en este viaje a la zona espiritual. Hoy los seres humanos viajamos a esa zona en cantidades nunca antes vistas. Así como puedes viajar a Italia por aire, tierra o mar, la gente accede a la zona espiritual por múltiples medios, como el estudio de libros como éste, conferencias, meditación, numerosas prácticas espirituales, yoga y oración.

Todo esto implica el requisito del estudio de ti mismo. Conocerte mejor y saber por qué eres como eres acelerará tu disposición a nuestra partida. Éste será el tema de este capítulo mientras despertamos nuestra conciencia a la luz de nuestros tres principales componentes humanos: nuestro cuerpo, nuestra mente y nuestro corazón.

Prepara tu cuerpo para la zona espiritual

Nuestro cuerpo es el templo de nuestro espíritu. Si no le proporcionamos los alimentos correctos, no estaremos alineados para mantenernos en sintonía y recibir los mensajes y guía que necesitamos. Tampoco tendremos energía y vigor para hacer el trabajo por el cual estamos aquí.

Sé que la buena salud —la dieta y el ejercicio— es críticamente importante para mí, para poder mantenerme claramente sintonizado con mis sentimientos y mi guía. Dado que hemos empezado a despertar como personas, cada vez estamos más conscientes de la importancia de una dieta saludable. Dicen que viviremos más y mejor. ¿Sabes qué? También viviremos más verdaderamente. Debemos alimentar de modo apropiado a nuestro cuerpo para que pueda servir con eficacia a nuestro ser espiritual.

Qué (y cuánto) introducir en nuestro cuerpo tiene un profundo efecto en nuestras vibraciones, la tasa a la que nuestro sistema nervioso y estructura celular armonizan con las frecuencias del Universo. Si estamos embotados por el alcohol o comemos en exceso, nuestra lenta vibración sólo puede contener energía pesada. Si estamos hasta el tope de cafeína o azúcar, nuestros frenéticos canales de vibración sólo derrocharán energía. Si estamos intoxicados por antibióticos animales y exceso de hormonas, nuestro cuerpo será incapaz de asentarse en el armonioso silencio donde nuestra guía nos aguarda. ¿Recuerdas mi experiencia en Notre-Dame en París? Yo había meditado en silencio durante tres semanas.

Nuestros apetitos y antojos son establecidos por nuestros errores pasados (los cuales fijan expectativas metabólicas tanto como psicológicas) y por tremendas influencias comerciales y culturales. Simples dietas desintoxicadoras pueden librarnos de esas influencias y expectativas, dando oportunidad para que la verdad nos haga saber qué necesita nuestro cuerpo con objeto de alojar y contener más efectivamente nuestra misión espiritual.

Antes que volvernos más esbeltos, más atractivos, más guapos, populares o exitosos —como nuestra cultura de consumo, controlada por los medios de comunicación, nos ha hecho creer—, la verdadera necesidad de una dieta saludable es volvernos conscientes y ponernos realmente a la disposición de nuestro propósito espiritual. Una vez que hemos dado el paso decisivo en esta dirección, nuestro cuerpo actuará en gustoso servicio de nuestras intenciones espirituales, y descubriremos que nuestros antiguos antojos y placeres habrán perdido su poderosa atracción. Reza un viejo dicho: "Eres lo que comes". Bueno, en realidad eres lo que piensas, pero cómo piensas se ve en gran medida afectado por lo que comes. Así que empecemos por la dieta.

Come por la salud verdadera
en la zona espiritual

La palabra "dieta" está cargada de asociaciones con personas que padecen sobrepeso y desean adelgazar, con la esperanza de que la privación de algún tipo de capricho alimenticio las vuelva más esbeltas, felices y dignas de ser amadas. También los libros de dietas se abren constante camino hasta las listas de *bestsellers*. Aun así, la obesidad sigue infestando al mundo occidental. ¿A qué se debe esto? ¿Por qué la gente tiene tanta hambre como para comer en exceso continua y obsesivamente?

Creo que la vasta mayoría de las personas con sobrepeso comen para acallar el dolor de su vida alienada. Nuestra cultura de consumo ha llevado a personas no tan despiertas a pensar que entre más y mejores cosas materiales posean, más realizadas se sentirán. Pero éste no es el caso. Muchas personas comen para llenar el vacío espiritual de su vida. Algunos lectores de este libro padecen sobrepeso. Algunos de ellos comen para aliviar la ansiedad y alienación inherentes a una cultura que ha hecho del consumismo su ídolo. A ustedes, amigos míos, les digo: bienvenidos a casa.

En la zona espiritual experimentarán conexión con y pertenencia a la unidad de toda la vida. Su soledad se evaporará al aprender a perdonar sus equivocadas (e inconscientes) creencias sobre el apartamiento. La comida será un verdadero placer y sustento, ya no una compulsión. En la zona espiritual ustedes reconocerán su profunda hambre como anhelo espiritual, y sabrán que ese anhelo ya ha sido satisfecho.

Si tú planearas pasar el verano explorando las ciudades de las colinas de Italia, querrías estar seguro de que tu cuerpo estará preparado para los desafíos locales: las empinadas calles empedradas, las mejores pastas y helados del mundo en cada esquina. Harías bien entonces en comer sanamente los meses previos a tu partida, sabiendo que tendrás más probabilidades de disfrutar el viaje si tu cuerpo puede estar a la altura de tus intereses. Prepararte para tus vacaciones en Italia es una oportunidad para poner más conciencia en tu dieta. Italia invade tus pensamientos; así, te es más fácil omitir esa segunda ración de decadencia de chocolate, porque sabes que haciéndolo te sentirás y verás mejor en la alberca. Planear tu viaje te ha despertado más a tus acciones. Ha llevado más conciencia a tus decisiones diarias. La expectación de tu viaje ya tiene impacto en tu vida.

Así que ¿qué deberías comer/no comer en preparación para la zona espiritual? La respuesta es diferente para cada persona. Nuestras necesidades corporales son diferentes, pero lo que todos podemos hacer de inmediato en preparación para nuestro viaje es despertar a nuestras prácticas alimenticias. Haz del comer una práctica consciente. De esta manera será más probable que sólo comas lo que realmente quieres. Esta conciencia superior puede aplicarse a comidas enteras, bocadillos e incluso golosinas individuales. Al decidir conscientemente cada bocado que consumes, das la bienvenida en tu cuerpo a ese alimento particular. Éste se convierte entonces en tu sustento, sirviendo a tu salud y todas tus capacidades. Al entrar en la zona espiritual, aprenderás que, en una conciencia despierta, cada acción, por pequeña que sea, apoya intencionalmente al resultado final.

Hubo un periodo en el que yo padecía considerable sobrepeso. Me sentía embotado y desdichado y medio adormilado. Comer era mi consuelo, pero no disfrutaba particularmente de la comida. Apenas si la probaba. Disfrutaba el placer de la expectación de cada bocado de galletas con helado, pero, para ser honesto, tan pronto como cada bocado tocaba mi lengua, me atacaba el remordimiento. En realidad no disfrutaba; no saboreaba. Tragaba —en verdad engullía— para poder regresar al placer de la expectación

del siguiente bocado. Cada uno de esos ambivalentes bo-
cados de helado con alto contenido de grasas era ingerido
con desdén y remordimiento, mucho más dañinos que aun
el más suculento dulce de chocolate. Después me perdoné
por ese confuso hábito; contribuyó a traerme a donde estoy
ahora, y por eso le estoy agradecido.

Comparto contigo ahora este ejemplo personal para ayudarte a despertar a tus propios hábitos alimenticios inconscientes. ¿Te gusta lo que comes; lo recibes en tu cuerpo
como fuente de nutrición y fuerza? ¿O lo resientes al con-
sumirlo, tragando cada bocado con un abundante aderezo
de negatividad?

Ha llegado el momento de despertar a tus prácticas alimenticias. ¿Cómo? He aquí algunas sugerencias sencillas
que te ayudarán a poner conciencia en tus comidas:

1. **Compra conscientemente.** Elige alimentos saludables
   que nutran y sustenten tu cuerpo. Compra productos frescos. Evita ingerir fertilizantes y pesticidas quí-
   micos adquiriendo productos orgánicos, generalmente
   cultivados en forma más consciente. Considera la posibilidad de llevar una dieta vegetariana; la mayoría
   de los animales, además de estar potencialmente enfermos, son criados con antibióticos y hormonas arti-
   ficiales de crecimiento, que se transmiten a los incautos
   consumidores de carne. Asimismo, creo que los productos cárnicos están llenos de adrenalina animal,
   producida por el profundo temor del animal al momento en que se le sacrifica. La enfermedad de las
   vacas locas fue un don para la espiritualización de la
   dieta inglesa. Toma en cuenta, sin embargo, que no todos pueden tolerar una dieta vegetariana, pues algunas

personas no pueden digerir las legumbres o la soya. La clave, si comes proteínas animales, es elegir proteínas orgánicas en la mayor medida posible. Evita el consumo regular de azúcar y cafeína: estas huecas fuentes de energía conducen a tu cuerpo a un viaje en la montaña rusa de altas artificialmente inducidas y marcadas bajas. Experimenta con una dieta de bajo o nulo contenido de trigo a fin de sentirte más ligero y energizado.

2. **Conoce a tu agricultor.** Hoy muchas comunidades cuentan con mercados de agricultores, y muchas en mi país con programas de agricultura de soporte comunitario (Community Supported Agriculture, csa por sus siglas en inglés), de acuerdo con los cuales las personas se unen para apoyar a agricultores orgánicos locales adquiriendo por adelantado una parte de sus cultivos y recibiendo a cambio una caja semanal de productos frescos. Una relación personal con tu agricultor da más contexto a cada bocado que consumes. Mejor todavía, ¡realiza tus propios cultivos!

3. **Prepara tu comida.** Permite que la cocina se vuelva un ritual de nutrición. Impregna a tus alimentos de tu conciencia intencional lavándolos, cortándolos y preparándolos cuidadosa y bellamente con toda atención. Sostengo que los alimentos que se preparan en forma amorosa e intencional contienen parte de la fuerza vital (chi) de quien los prepara; éste es el profundo don de un chef totalmente consciente. Los alimentos procesados y la comida rápida son preparados por máquinas y adicionados con conservadores; toma en cuenta que la principal intención en su producción son las ganancias

de los accionistas de las compañías fabricantes, no nutrirte con amor.

4. **Pon una mesa bonita.** El ritual de poner flores, velas, platos y cubiertos atractivos y servilletas de tela despertará la conciencia intencional que convierte la alimentación en nutrición.

5. **Come siempre sentado, ¡y nunca en tu auto!** Esto te obligará a estar presente ante la comida frente a ti. Cuando comes (literalmente) a la carrera, manejando o de pie, no les das a tus alimentos el tiempo ni la atención que merecen; tu conciencia ya está en tu siguiente actividad. Tu cuerpo merece toda tu atención durante la comida; si se la prestas, estarás más despierto a qué te gusta, cuándo estás satisfecho y qué tan bien te nutres.

6. **Bendice tus alimentos.** Un momento de reconocimiento de que lo que comes es un don de la fuente de toda la vida restablece tu conexión consciente con todos los seres vivos.

7. **Come acompañado.** Comer es una maravillosa oportunidad de comunión. Cuando partimos el pan con los demás, nos compartimos a nosotros mismos aparte de nuestro alimento. Esto ayuda a curar la alienación que tan comúnmente se experimenta en la cultura moderna.

8. **Está atento a cada bocado.** Elige conscientemente cada bocado al seleccionarlo en tu plato. Cómelo porque has decidido que lo deseas de verdad, no simplemente porque está frente a ti. De esta manera impregnas a cada bocado que consumes de tu conciencia despierta, para que pueda satisfacer mejor tus necesidades corporales.

9. **¡Disfruta el sabor!** Ingiere con consciente apreciación (no con ambivalencia o remordimiento). Mereces los placenteros sabores de tu comida.

10. **Reconoce cuándo estás satisfecho.** Todos los pasos anteriores te ayudarán a despertar a tu proceso alimenticio. Pronto comerás por el gusto de comer —placenteramente, para nutrir y sustentar a tu cuerpo físico—, no para acallar tu dolor o llenar tu vacío de alienación y soledad. Serás crecientemente capaz de detectar la conciencia de tu cuerpo de que ya tienes suficiente, y luego estarás feliz de detenerte, sintiéndote plenamente satisfecho. Conocerás la diferencia entre sentirte satisfecho y sentirte lleno.

11. **Sé agradecido.**

Ejercítate para adquirir fuerza y vigor en la zona espiritual

Además de un cuerpo bien nutrido, necesitarás un cuerpo fuerte para tu viaje a la zona espiritual. Así como no querrías dejar de visitar el poblado de Assisi porque tu cuerpo está demasiado fuera de forma como para librar la empinada subida, tampoco querrás perderte las magníficas oportunidades de la zona espiritual: clara intuición, guía angélica, profundo contacto espiritual con los demás.

Deberás despertar tu cuerpo con movimiento y ejercicio conscientes. Al optar por dirigirte a la zona espiritual, ya has tomado una decisión de dejar el embotamiento y despertar a tu cuerpo. Ahora, al estar presente en tu cuerpo, puedes entrenarlo para que adquiera fuerza, vigor y flexibilidad. No te preocupes pensando que debes convertirte en un atleta olímpico o un yogui de pose impresionante; simplemente sal a caminar por tu calle. El movimiento consciente estimula la flexibilidad y la fluidez; disuelve bloqueos y permite el flujo de la energía.

En la zona espiritual canalizarás más energía espiritual. Como vimos en la introducción, te volverás una fuente de energía espiritual universal. En qué tan grande fuente te conviertas, cuánta energía espiritual seas capaz de conducir, dependerá de tu intención y tu capacidad. Tu capacidad está determinada en gran medida por la salud de tu cuerpo. Si comes en línea con las sugerencias de este capítulo, dirigirás más conciencia —más flujo espiritual— a tu cuerpo.

Muévete

Dedica ahora mismo diez minutos a dar la vuelta a la manzana. Lo digo en serio. Termina este párrafo y luego ponte los zapatos y márchate. Camina ágil pero cómodamente. Siente desde dentro de tu cuerpo como si ésta fuera una experiencia completamente nueva y extraña. ¿Qué es este cuerpo en el que aterrizaste? ¿Cuáles son sus capacidades? ¿Puede moverse con rapidez? ¿Se calienta cuando andas más de prisa? ¿Empiezas a sudar? ¿Puedes hallar un ritmo cómodo balanceando suavemente los brazos? ¿Qué tamaño de zancada te resulta más cómodo y eficiente? ¿Te ayuda a propulsarte hacia delante? ¿Qué tipo de respiración facilita tu andar? ¿Respirar profundamente te da más combustible? ¿Te apoyas en los talones y te impulsas con las bolas de los pies? ¿Se mueven tus caderas? ¿Tus hombros? ¿Tu cabeza? ¿Dónde se posan tus ojos? Bueno, ¡andando! Disfruta tu paseo, y presta atención a ti mismo al desplazarte en el espacio.

Busca tiempo todos los días para hacer algún ejercicio físico. Como acabas de descubrir, un paseo es bueno; camina ágilmente. Anda en bici, nada, corre, baila, salta... ¡muévete! Elijas lo que elijas, presta atención a tu cuerpo al hacerlo. Pon tu intención en el tiempo transcurrido. No estás dando simplemente una vuelta a la manzana para volver adonde empezaste; estás caminando para despertar tu cuerpo, músculos y sistema nervioso, estimular el flujo de la energía. No te ejercites en exceso; no te agotes. La intención es despertar tu cuerpo a través del movimiento consciente, limpiar tu energía abriéndote al flujo de nueva energía en todo tu cuerpo.

Mientras desarrollas tu conciencia dentro de las células de tu cuerpo por medio del ejercicio elemental, podrías llegar a un lugar en el que te sientas atraído a explorar técnicas de ejercicio con una abierta intención espiritual, específicamente yoga. Primero despierta tu cuerpo, luego escucha lo que necesita; puedes confiar en que serás dirigido al programa de ejercicio correcto que siga energizando tu cuerpo y tu espiritualidad.

PREPARA TU MENTE PARA LA ZONA ESPIRITUAL

Demasiado a menudo nos comportamos como científicos al tomar decisiones en nuestra vida. Compilamos datos, recolectamos documentación, analizamos la experiencia pasada y pensamos, pensamos, pensamos, tratando de hacer que las cosas funcionen. Ésta es la mente, operando por temor, tratando de evitar la repetición de fracasos pasados. Estas decisiones mentales son inevitablemente tomadas desde una perspectiva defensiva, limitante. ¿Qué aportan? Sobrecarga de información, nunca inteligencia. Nuestra pequeña mente nos vuelve locos tratando de pensarlo todo.

Aprender a estar en silencio es el acceso secreto a la zona espiritual. En el silencio absoluto experimentamos el poder superior que se mueve en nosotros. Ahí encontramos a nuestra espiritualidad, aguardando con guía y respuestas. En cada decisión que tomamos, debemos sintonizar con e invocar la energía de nuestro corazón para que nos guíe.

Recuerda que este capítulo trata acerca de dirigir nuestra intención al despertar de nuestra conciencia. Al poner intención —llamémosle "atención"— en aquello que comemos y cómo lo comemos y en el momento en que movemos nuestro cuerpo y cómo lo movemos, también contribuimos a concentrar nuestra mente. Llegar y manifestarnos exitosamente en la zona espiritual requiere que despertemos nuestro cuerpo y nuestra mente, tanto como nuestro corazón y ser emocional.

En este capítulo ya nos hemos referido a la importancia de despertar nuestra mente a nuestras actividades físicas de alimentación y movimiento. Al hacerlo, ya hemos establecido la importancia de la atención. Toda la creatividad empieza con el pensamiento. Nada ha sido nunca intencionalmente creado sin antes haber sido pensado: edificios, esculturas, gobiernos, empresas, aun las vacaciones a Italia. El pensamiento intencional, consciente, es el primer paso para la creación de cualquier cosa, ya sea una obra de arte, una máquina, una organización o la vida y el amor que tú deseas.

El pensamiento es creativo, sea intencional o no, positivo o no. Si aún no has puesto atención e intencionalidad en él, entonces tu pensamiento no intencional (inconsciente) ha hecho la creación mientras tú dormías en el timón. Por simplicidad, llamemos al pensamiento inconsciente "cavilación". Cavilar nos aleja de la zona espiritual, induciéndonos a dormir. No es un proceso intencional, alertador; más bien, es inconsciente, pasivo, a menudo habitual y susceptible a influencias externas. (¿Acaso alguna vez no has descubierto que un eslogan publicitario te pasa arbitrariamente por la cabeza?) La preocupación es un ejemplo de cavilación, y en el mundo actual la preocupación prospera en ausencia de la atención. La preocupación no es un acto consciente del pensamiento creativo que se proponga hallar solución a una inquietud; es más bien un ciclo mental estéril que puede convertirse en la subliminal música de fondo de una mente inconsciente. *Pese a todo, es creativa, ¡y manifiesta inconscientemente negatividad en nuestra vida!*

La cavilación, y la preocupación en particular, nos aleja de la zona espiritual y nos mantiene estancados donde no queremos estar en la vida. Si te preocupa contagiarte de gripa o que tu novio te deje o no tener suficiente dinero a fin de mes, adivina qué: estás creando estos resultados negativos al alimentarlos con tu atención.

A lo largo de este libro nos ocuparemos del temor, y te ayudaré a descubrir formas de liberarte de la influencia del temor. Por ahora, comencemos por la atención.

Así como te has comprometido a eliminar toxinas de tu cuerpo mediante una dieta sana y un ejercicio moderado, también deberás eliminar toxinas de tu mente despertando tu pensamiento. ¿En qué estás pensando al leer esta frase? ¿En qué más estás pensando aparte de pensar en esta frase? ¿Cuántas capas de cavilación se hallan bajo tu pensamiento? Existen muchas técnicas de meditación para llevar calma y concentración a tu mente. Muchas prácticas persiguen librar a la mente de la incesante cháchara que obstruye nuestro pensamiento; otras concentran la mente en un objeto, mantra o enigma particular, como el koan zen. Recoger y concentrar de esta forma nuestro pensamiento consciente ejercita la mente, la fortalece contra el hábito de cavilar y nos prepara para un pensamiento más efectivo como medio para crear las experiencias de vida que realmente queremos para nosotros.

La respiración como meditación sobre la atención

Al iniciar el ejercicio con el acto básico de dar una vuelta a la manzana, concentrémonos en nuestra respiración como un primer acto simple de meditación para la concentración de nuestra mente.

Busca una cómoda posición sentado, aunque no tan cómoda que te induzca a dormir. Recuerda: nuestra intención aquí es estar *más* despiertos. Podrías sentarte en el suelo en posición de loto con las piernas cruzadas, o en una silla recta con ambos pies apoyados en el piso. Permite que tus hombros se relajen. Tiende relajadamente las manos sobre los muslos, palmas arriba. Cierra los ojos. Ahora, pon toda tu atención en tu respiración. Nota cómo respiras sin manipular tu respiración. ¿Respiras superficialmente, sólo en la porción superior de tus pulmones? Éste es un hábito común.

Pongamos más intencionalidad en nuestra respiración. Sentado en tu relajada pero no demasiado cómoda posición, imagina tu torso como un garrafón de veinte litros, como los que se utilizan en bebederos. Si, estando vacío, llenaras de agua ese garrafón, el agua llenaría primero el fondo, y luego subiría gradualmente hasta el cuello de la botella. Imagina que esta botella reside en tu torso, desde tu ombligo (mucho más allá del fondo de tus pulmones) hasta tu garganta. Saca conscientemente todo el aire viciado de la botella, en forma lenta y deliberada, hasta la última gota. Ahora, en forma igualmente lenta y deliberada, vuelve a llenar la botella, empezando por el fondo y subiendo poco a poco hasta la punta. Confía en que tu cuerpo se está llenando de oxígeno mientras te permites alrededor de veinte segundos para llenar tu torso. Una vez lleno, empieza a exhalar lentamente, primero el aire en la punta de la botella, luego más hondo, más hondo, más hondo, hasta que hayas expulsado hasta la última molécula de aire del fondo de tu barriga. Ahora, lenta e intencionalmente, empieza a llenar de nuevo la botella, respirando primero en el fondo y después subiendo lentamente hasta arriba. Prosigue.

Llamo a ésta la "respiración de botella". Es enormemente efectiva para calmar, e incluso energizar, tu cuerpo. La respiración de botella oxigena tus células mucho mejor que la respiración superficial usual. Estas razones bastarían para que practicáramos regularmente la respiración de botella, pero nuestra principal intención al hacerlo ahora es poner la mente bajo nuestro control. Concentrar nuestra observación mental, nuestra atención, en nuestra respiración pone una intencionalidad despierta en nuestro pensamiento. Ésta es una habilidad crítica para un venturoso residente de la zona espiritual, porque el despertar mismo es el sendero a nuestro profundo ser espiritual. Gracias a la intención concentrada podemos crear la vida que verdaderamente queremos.

Podrías descubrir durante la práctica de la respiración de botella que tu mente se aleja de la pretendida concentración en tu respiración. Cuando repares en que te has distraído, simplemente vuelve a poner tu mente en tu respiración.

Si te inclinas a castigarte por tu fracaso, perdónate por haberte distraído y luego vuelve a la tarea en cuestión: la respiración intencional y atenta. La censura es una distracción tan inútil como el pensamiento intruso por el que podrías haber decidido sentirte culpable. Sencillamente vuelve a tu práctica. Ésta es una práctica para toda la vida: olvida tus transgresiones y vuelve a aplicarte al servicio de tu intención.

Si algunos pensamientos particulares —¿olvidaste devolver la llamada telefónica de un amigo?, ¿qué hay de cenar?, aquella interminable pila de facturas— interrumpen persistentemente tu concentración en tu respiración, restaura tu intención y desde tu atención consciente examina esos pensamientos como separados de ti; escúchalos separados de ti. Descubrirás que, separados de tu pensamiento, no tienen fuerza vital. Al considerar tus cavilaciones desde un lugar de pensamiento atento, la distractiva cavilación se marchita y evapora. Repara en esto y regresa después a tu simple tarea de llenar y vaciar de respiración tu torso con total atención.

Esta práctica durante diez o quince minutos dos o tres veces al día —o cada vez que te sientas disperso, cansado o ansioso— volverá a poner tu mente en concentración y a tu pensamiento al control de tu cavilación. Cada vez que practiques esto, fortalecerás tu claridad mental, habilidad clave para ayudarte a acceder a la zona espiritual.

Son incontables las prácticas adicionales para despertar y ejercitar tu mente. Considera las siguientes:

MEDITACIÓN EN OBJETOS COMO ENTRENAMIENTO MENTAL

Elige un objeto ordinario: un lápiz o clip. Decide que dedicarás diez minutos a concentrarte en la contemplación de

ese objeto. Concentra primeramente tu mente en las cualidades físicas inmediatas del objeto, tu lápiz. ¿De qué está
hecho? De grafito, madera, pintura amarilla, una abrazade-
ra de latón, una goma de hule. ¿Hay palabras impresas en
él? ¿Están grabadas en la superficie de la madera? ¿Cuántos
lados tiene el lápiz? ¿Qué tan largo es? ¿Qué tan gastada
está la goma? ¿De qué tono es la pintura amarilla? ¿Qué
tan afilada está la punta? Considera cada aspecto físico del
lápiz como si recorrieras su superficie. No debes omitir
una sola cualidad. Al terminar esto, profundiza aún más
en el lápiz. ¿De qué tipo de madera está hecho? Imagina la
madera de este lápiz como formando parte de un bloque
de madera más grande. Ve ese bloque de madera ser cor-
tado de una pieza más grande aún. Ve esa pieza ser aserra-
da del tronco de un árbol. Ve el árbol al ser transportado al
aserradero. Ve el árbol ser talado. Ve al ingeniero forestal
elegir el árbol. Ve el árbol entre los demás árboles. Ve
el bosque entre otros terrenos. Ve el cono de semillas del
que procedió la semilla de este árbol. Ve sus inicios como
retoño. Ve las lluvias que lo nutrieron. Ve toda la historia
y cualidades que se desarrollaron para convertirse en la
madera de este lápiz en tu mano.

Ahora, de igual manera, considera el grafito, la pintura,
el latón que sujeta a la goma, la goma de hule. Considera
cada elemento del lápiz, siempre atento a lo que implicó
que formara parte de este lápiz que sostienes en tu mano.
Mantén tu atención en todo el lápiz mientras contemplas sus
partes. Ésta es tu intención aquí: afilar y al mismo tiempo
profundizar tu conciencia de este objeto ordinario raramen-
te considerado y relativamente simple. Haz este ejercicio
a diario durante una semana o más, avanzando más cada
día en tu comprensión de lo que es este lápiz. Luego de un

tiempo, elige otro objeto y vuelve a empezar. La intención es fortalecer la concentración de tu mente y tu pensamiento para que estas capacidades puedan ponerse con eficacia al servicio de tus decisiones espirituales.

MEDITACIÓN CON MANTRAS PARA APACIGUAR LA MENTE

Parte desde hace mucho tiempo de las prácticas espirituales yoguis y orientales, la meditación con mantras implica la concentrada repetición de una palabra o frase selecta. La intención, de nueva cuenta, es alejar la mente de la cavilación casual. En algunas prácticas, como la meditación trascendental (MT), el practicante recibe un mantra personal de su maestro espiritual. En ciertas prácticas yoguis, hay incontables mantras que persiguen diferentes resultados específicos. Si tú estás familiarizado con alguna de esas prácticas, te será benéfica para alejar la mente de la cavilación casual y llevarla al pensamiento consciente.

Para practicar la meditación con mantras, busca una cómoda posición sentado, ya sea con las piernas cruzadas en el suelo o en una silla recta, las manos sobre tu regazo o tus muslos y los ojos cerrados. Selecciona un mantra con el que estés familiarizado, haz uno tú mismo o prueba alguno de éstos:

"Amor"
"Yo soy amor"
"Dios y yo, yo y Dios, somos uno"

Al experimentar con las prácticas sugeridas en este capítulo, prepararás tu cuerpo y mente para tu viaje a la zona espiritual. La práctica continua reforzará tu conciencia des-

pierta, y esta conciencia despierta es tu boleto de la insatisfacción a la zona espiritual. Avancemos en nuestro viaje
manteniendo tu intención, para que esté lista para adoptar
la disposición de hacer todo lo necesario para presentarte
en la zona espiritual:

Dieta: come sanamente porque te amas.

Ejercicio: desarrolla la capacidad de tu cuerpo de manejar más energía y de más alta frecuencia.

Examina y libérate de la cavilación inconsciente.

Busca la claridad mental.

> *"Conviene que te mantengas limpio*
> *y brillante; eres la*
> *ventana a través de la cual debes*
> *ver el mundo".*
> GEORGE BERNARD SHAW

EJERCICIOS

Estos ejercicios son para ayudarte a comprender que los pensamientos inconscientes y las influencias emocionales pasadas siguen imperando en tu presencia física en la Tierra: tu cuerpo. Poner una conciencia más atenta en tu identidad corporal te ayudará a abrir tu sistema de creencias. Comprende que el perdón es una herramienta para liberar el pasado. Estos ejercicios te prepararán experiencialmente para los conceptos intelectuales que abordaremos en los capítulos posteriores.

Completa las siguientes oraciones:

Perdono a mis padres por haber dicho que mi cuerpo era

_____

_____

_____

_____

Enlista todo lo que tu sistema de creencias dice que está mal en ti y tu cuerpo: estatura, forma, peso...

_____

_____

_____

_____

¿Cuál es el temor número 1 que te impide aceptar que tu cuerpo es perfecto?

_____

_____

_____

_____

AFIRMACIONES

Escribe y di las siguientes afirmaciones, volviendo a reforzar aquellas con particular resonancia para ti:

1. Mi cuerpo ya es fuerte, hermoso y perfecto.
2. Acepto y amo mi cuerpo.
3. Me perdono por haber juzgado a mi cuerpo.
4. Mi cuerpo es vital y saludable.
5. Me perdono por haber lastimado a mi cuerpo.
6. Todo lo que decido comer es energía de amor.
7. Entre más me amo, más oportunidades atraigo.

2
Libérate del pasado emocional y decide amarte

Las prácticas que exploramos en el capítulo 1 te darán alguna claridad, abriendo una ventana a través de antiguos hábitos negativos desde la cual la luz de tu nueva vida pueda brillar. Con una continua dieta sana, ejercicio más regular y pensamiento claro e intencional construirás tus recursos personales para apoyar la felicidad, amor y prosperidad que deseas crear para ti. Con esta nueva intencionalidad hacia la forma en que cuidas de tu cuerpo, controlas tus pensamientos y nutres emociones saludables, el *hardware* está en su sitio. Ahora es momento de empezar a esclarecer tu idea de cómo serás una vez que empieces a vivir en la zona espiritual.

La verdadera inteligencia es el poder espiritual superior que fluye por cada uno de nosotros. ¿Cómo accedemos a esa inteligencia? *Por medio del corazón*. Nuestros sentimientos e intuiciones son claros indicadores de lo espiritualmente importante para nosotros. Debemos confiar en nuestro corazón, pase lo que pase.

Libérate de tu anticuado pasado
Es momento ahora de examinar qué lazos con tus antiguas circunstancias deben ser puestos ante tu atenta conciencia

para que puedas liberarte de ellos mientras avanzas en dirección a la zona espiritual. No debemos invertir demasiada atención en qué es lo que nos ha parecido insatisfactorio en nuestra vida, pero cierto sondeo nos ayudará a identificar cuestiones y experiencias clave para que podamos apartarnos más efectivamente de ellas.

En el ejercicio de la respiración de botella del capítulo 1 practicamos cómo enfrentar pensamientos intrusivos que nos distraen de nuestra intención: observándolos neutralmente sin comprometernos con ellos, viéndolos como apartados y alejados de nosotros. Esta sencilla práctica es el fundamento para lo que queremos hacer con las creencias sobre nuestra vida, nosotros mismos y el mundo que ya no se ajustan a nuestras actuales necesidades o deseos.

Las prácticas del capítulo 1, cuando se aplican con regularidad y atención constante, tendrán el efecto de llevar hasta nuestra conciencia nuestras negativas creencias y suposiciones acerca de nosotros mismos; así como tu antiguo guardarropa de la década de 1970 ya no te queda, tampoco lo hacen muchas de tus largamente sostenidas creencias y suposiciones sobre quién eres y cómo es tu vida. Primero tienes que despertar tu conciencia de que sigues usando el mismo viejo traje de poliéster verde-azulado que compraste en 1975; lo sientes tan familiar que no te has dado cuenta de lo inapropiado que es treinta años después. La elevada conciencia que resulta de las prácticas y ejercicios del capítulo 1 te ayudará a percatarte rápidamente de que lo que usas ya no es apropiado para la persona que eres ahora. Cambiar prendas que ya no quedan bien y creencias anticuadas es el acto mismo que te propulsará a la zona espiritual.

Deseo proponerte ahora un ejercicio; por favor acéptalo con ligereza. Su propósito es tomar verdadera conciencia de aquellas creencias y situaciones que has adoptado y construido para ti que ya no van contigo. De lo que se trata no es de abatirte, sino de crear cierta separación entre el pasado y el presente por medio de tu conciencia elevada, tu atención. Imagina que estás viendo viejas fotos de la década de 1970 con un buen amigo. Ahora te será fácil reírte de ti por las decisiones que tomaste en ese tiempo. El traje de poliéster verde-azulado estaba de moda entonces, ¡y tú seguías los dictados de la moda! Pero ahora has cambiado; ese traje ya no es adecuado para la persona que eres hoy.

Así que mantén un aire despreocupado. Accede a este ejercicio con una actitud de perdón hacia ti mismo. Prepárate para perdonar cualquier cosa que antes percibías como apropiada, pero ya no. El asunto es crear cierta distancia consciente entre tu ser contemporáneo, a punto de emprender un viaje a la zona espiritual, y aspectos de tu vida que simplemente ya no se ajustan a tu forma de ser.

Busca un lugar privado y silencioso en el que puedas estar cómodo y no ser interrumpido durante media hora. Lleva una pluma o lápiz y cinco hojas. Vas a hacer un inventario de tus creencias acerca de tu vida, identificando todos los trajes de poliéster verde-azulados que ya no se ajustan a tu ser del siglo XXI.

Comencemos. Enlista libremente todo lo que se te ocurra. Nada es demasiado pequeño ni demasiado grande. Si se te ocurre, se te ocurre por alguna razón, así que ponlo en tu lista. Sé lo más específico que puedas, sin distraerte de tu tarea. Sólo estás haciendo una lista, no escribiendo párrafos o un ensayo. Empieza por el centro: ¿cuáles son tus creencias anticuadas sobre ti mismo? ¿Alguna vez decidiste que eras feo y que no merecías ser amado? ¿Decidiste que tu cabello era espantoso, o que eras malo en matemáticas?

¿Malo para dar indicaciones? ¿Decidiste que tu hermana era más bonita que tú, o tu hermano más listo? ¿Decidiste en algún momento de tu pasado que eras débil o de voluntad débil? ¿Decidiste que la intimidad sexual era demasiado peligrosa para ti? ¿Que no merecías una pareja fabulosa y considerada? ¿Que sencillamente no eras suficientemente bueno? ¿Te dijiste que no podías resistirte al chocolate? ¿O a los cigarros? ¿Que eras tímido? ¿Que siempre serías corpulento? ¿Que no te relacionas fácilmente con los demás? ¿Que te da miedo volar? Sigue adelante. Enlista todas las creencias sobre ti que ya no sirven a tu imagen de lo que eres en la zona espiritual. No te agradaría usar tu guardarropa viejo y gastado en la chic Roma, ¿verdad?

Ahora toma otra hoja y empieza a trabajar desde fuera de tu ser. Considera a tus familiares y tus relaciones primarias. ¿Cuáles son tus anticuadas creencias en relación con ellos? ¿Decidiste alguna vez que no te querían y que por alguna razón era culpa tuya? ¿Que nunca tendrías tanto éxito financiero como tu padre? ¿Que nunca serías tan desinteresadamente generoso como tu madre? ¿Que nunca serías tan amable como tu abuela? ¿De qué manera es posible que te hayas limitado con creencias que adoptaste en relación con tu familia y tus íntimos? ¿En qué te has comparado innecesariamente con un ser querido y resultado en desventaja? Aumenta tu lista. Si algo se te ocurre, no lo juzgues; sólo escríbelo.

Ahora amplía el círculo con otra hoja. ¿Qué anticuadas creencias mantienes acerca de ti en relación con tu comunidad: tus compañeros de trabajo o colegas, tu iglesia, tus vecinos y conciudadanos? ¿Qué papeles desempeñas que ya no van contigo? ¿Has decidido que eres el bufón de la oficina con tal de ganar aceptación? ¿El insignificante? ¿Decidiste que tienes que mantenerte aparte para darte a respetar? ¿Has tratado de imponerte emitiendo juicios sobre los demás? ¿Qué expresión falsa has adoptado para procurarte una sensación de seguridad? ¿Intentas decir algo sobre ti por el auto que manejas? ¿Por otras formas de gastar dinero? ¿Esos accesorios sirven para lo que eres ahora? Ponte al día enlistando todo lo que ya no te va. Sé bondadoso y muéstrate dispuesto a perdonarte; simplemente usa tu claridad y perspectiva para poner palabras en el papel. Nadie leerá esto más que tú.

Ahora, usando otra hoja, amplía el círculo una vez más: esta vez al mundo entero. ¿Qué cosas decidiste alguna vez que ahora ya no van contigo? ¿Puedes identificar inconscientes juicios raciales que quizá hayan pertenecido a uno de tus abuelos o maestros pero que ya no le sirven a quien quieres ser ahora? ¿Adoptaste suposiciones sobre países enteros o regiones del mundo que ahora te impiden valorar y apreciar a los habitantes de esas regiones como individuos únicos? ¿Decidiste que el mundo es un lugar peligroso u hostil? ¿Has atribuido culpas a ciertas personas por las transgresiones de sus ancestros? Ya entendiste de qué se trata. Continúa. ¿Mantienes inapropiadas generalizaciones positivas? ¿Crees que los italianos son más atractivos de lo que tú serás jamás?

Ahora, toma otra hoja. ¿Qué has decidido acerca del Universo? ¿Has creído que es un lugar inseguro? ¿Que eres un intruso que no es bienvenido? ¿Que has cometido transgresiones durante tu vida que te vuelven indigno de participar en toda la dicha y prosperidad que el Universo tiene que ofrecer? En cierto nivel, ¿decidiste que el amor, el constante, omnipotente amor, está fuera de tu alcance? ¿Que algo que has dicho o hecho o sido te ha descalificado de la fuente del amor y la luz universal?

Considera tus creencias acerca de tus relaciones con y tus suposiciones sobre *todo* y *todos*. Identifica todas las creencias que estás preparado para liberar y déjalas fluir en el papel: tú, tu familia, la comunidad, el mundo, el Universo. Deja fluir tu pluma. No te preocupes por cómo suenan, cómo se escriben; nadie más que tú leerá estas hojas. Púrgate de todo aquello de lo que te gustaría deshacerte, de todo el equipaje que en un momento u otro decidiste —consciente o inconscientemente— que estabas condenado a cargar toda la vida. Vas a aligerarte a fin de viajar a la zona espiritual. Todas esas anticuadas suposiciones te han vuelto demasiado pesado para el vuelo.

Así que destina media hora a hacer tu lista. No te preocupes de que algo se te olvide. Podrás hacer este ejercicio una y otra vez. No vaciles en anotar algo. Si se te ocurre durante la elaboración de los círculos que contienen tu vida, surgió legítimamente. Enlístalo.

Ve llevando el tiempo. Media hora. Luego detente.

¿Ya te sientes más ligero? Busca ahora un lugar en el que puedas estar solo, tal vez afuera. Lleva unos cerillos y una olla honda, o busca una superficie a prueba de fuego: tu chimenea, asador, caminillo o patio. Vas a ejecutar un pequeño ritual. Di en voz alta: "Me libero de estas creencias, que ya no sirven al propósito espiritual de mi vida. Me perdono por haber tenido estas creencias".

Lee en voz alta tu lista inicial del primer círculo: las creencias que has mantenido sobre ti. Dedica tiempo a cada elemento y siente que te separas conscientemente de él. Tómate todo el tiempo que necesites, pero sin distraerte de tu tarea. Ahora, sin detenerte más en ninguno de tus elementos, arru-

ga y prende fuego a esa hoja, volviendo a decir: "Me libero de estas creencias, que ya no sirven al propósito espiritual de mi vida. Me perdono por haber tenido estas creencias". Ve hacerse humo las antiguas causas de tu preocupación e insatisfacción. Te has liberado de tus anticuadas
creencias sobre ti mismo. Créelo.

Ahora repite ese ritual con cada una de tus cuatro listas
restantes. Lee y quema tus listas de creencias anticuadas sobre tu familia, tu comunidad, el mundo y el Universo, repi-
tiendo después de cada una: "Me libero de estas creencias,
que ya no sirven al propósito espiritual de mi vida. Me
perdono por haber tenido estas creencias".

Al terminar las cinco listas, siéntate en silencio y respira
profundamente. Siéntete más ligero y descargado. Reconoce
ce la energía ahora a tu disposición y que antes habías con-
sumido en el mantenimiento de esas antiguas creencias.
Date cuenta de que estás listo para volar. Si en tu clóset
tienes prendas de años pasados, ahora es momento de deshacerte de ellas también. Debes dejar espacio para la expansión de tu nueva vida en la zona espiritual.

Ésta podría ser una práctica permanente mientras tu conciencia no cesa de despertar. La claridad es poder. Entre más
conciencia pongas en tus sistemas de creencias, más poder
tendrás para cambiarlos con objeto de crear la vida que deseas. Sigue practicando la atenta observación de tus creencias y suposiciones. Haz de ésta una práctica de toda la vida
de revisar y renovar tus constructos de creencias. Objetiva
anticuadas creencias apartándolas de tu ser contemporáneo;
al principio puedes hacer esto recreando el ritual de lista y
quema; al evolucionar la práctica, podrás obtener el mismo
efecto de objetivación haciendo mentalmente el ritual. Con
la práctica, podrás eliminar todas tus creencias inadecuadas

y anticuadas al momento de identificarlas. El resultado será que tendrás una vida más fluida, contemporánea, habilitadora y viva.

Pon en práctica tus nuevos sistemas de creencias. Si ya no crees que es inevitable que vuelvas a engordar, limpia tu clóset y deshazte de tus prendas de gordo, o de lo contrario seguirán presentes en tu vida como un resultado final. Mientras sigas aferrándote a ellas, seguirás aferrándote a la creencia de que las necesitarás, ¡y eso sucederá! Conservarlas es un acto creativo que garantiza gordura. Sé claro y llega hasta las últimas consecuencias.

Arquetipos

En mi labor con clientes privados que examinan sus creencias sobre sí mismos, he terminado por descubrir que muchas personas adoptan identidades generales que abarcan numerosos subsistemas de creencias. A veces me es útil preguntarles: "¿Qué papel arquetípico desempeñas?" He descubierto varios arquetipos comunes, algunos de los cuales enlistaré aquí para ti, porque podrían ayudarte en tu constante autoanálisis:

El Salvador

Estas personas tratan de ser la Madre Teresa. Esto no quiere decir que la gente no pueda tener genuinamente el impulso de ayudar a los demás; ¡ciertamente la Madre Teresa lo hizo! Pero muchas personas han adoptado la equivocada creencia de que son indignas (de amor, intimidad, éxito, felicidad, prosperidad), y de que sólo salvando a los demás pueden elevar su dignidad. Pero no pueden. Sólo alimentan la equivocada creencia en el núcleo de su conducta: su in-dignidad. Esto es lo que debe objetivarse y liberarse.

EL CONCILIADOR

Este tipo, como el Salvador, se desarrolla a causa de una devastadora creencia en su indignidad. Los conciliadores piensan tan mal de sí mismos que siempre se contentarán con lo que otra persona quiera o decida. Tal vez crean que ésta es una muestra de generosidad que elevará su digni-dad, pero sólo es egoísmo disfrazado de generosidad. Los conciliadores subordinan su ilimitado plan de vida espiri-tual a la restringida identidad de su ego.

EL EJECUTIVO

Uso este título para identificar a las personas que tienen una amplia necesidad de control. Esto procede de una descon-fianza crónica en su seguridad en la vida, errónea creencia que adoptaron en algún momento de su pasado. Deben li-berarse de ella para poder entrar a la zona espiritual. No hay ningún resultado positivo para quienes esperan fortale-cerse controlando a los demás.

LA REINA

Este tipo, como el Ejecutivo, es una manifestación de ab-soluta desconfianza en los demás. La Reina se ha apartado de los demás hasta el aislamiento social, basada en la equi-vocada creencia de que, por alguna razón, es "mejor" que los demás. De hecho, se ha apartado de las oportunidades de amar y ser amada.

El macho

Como todos los demás estrechos arquetipos, este tipo también se basa en el temor. El macho espera protegerse contra el contacto vulnerable, íntimo, tratando de ser mejor (más, más grande, más fuerte, más rápido, más rico) que los demás.

Algunos de mis clientes, aunque no se identifican con un arquetipo particular, descubren que continuamente se involucran con alguno de ellos. Una de mis clientas —a quien llamaré Elena— no cesa de involucrarse con jóvenes apuestos pero nocivos. Cae a tal punto atrapada en la red de su magnética energía sexual que todas sus capacidades para juzgar lo que es bueno para ella salen por la ventana. Intelectualmente, Elena sabe que no es bueno para ella seguir persiguiendo esos superficiales involucramientos, pero no está acostumbrada a que la traten con amabilidad. Yo la estoy asesorando para que aprenda a salir en su defensa. Sus habituales involucramientos no son aceptables. Le digo: "¡No te contentes con una vida mediocre!"

Actúa como si te amaras

Pero, ¿cómo puede salir Elena de su patrón habitual? Hay una ruta muy sencilla: debe actuar *como si se amara*. Yo asesoro a Elena para que aprenda a actuar como si se amara, porque ésta es una decisión. ¿Qué tipo de hombres atraerían y perseguirían a una Elena que se ama a sí misma? Probablemente hombres bondadosos, responsables, atentos, generosos; hombres que se aman a sí mismos. Tal vez el antiguo magnetismo sexual no esté directamente a la vista en estos hombres; de hecho, es muy probable que no lo esté, porque parte de lo que a Elena le parecía atractivo en el pasado era la confirmación de su propia indignidad. Tendrá que objetivar y liberar su largamente sostenida indignidad para que ya no sea la fuerza organizadora de sus relaciones.

Quiero dedicar un momento aquí a hablar de cómo tus relaciones íntimas podrían cambiar cuando entres a la zona espiritual. En mi labor con cientos de clientes veo esto una y otra vez. Tanto los hombres como las mujeres tienen una perdurable imagen del "tipo" que les atrae. En la mayoría de los casos, esta atracción procede principalmente de su centro sexual. Algo en su pasado grabó en ellos que "alto, moreno y guapo" o "rubia, con curvas y bonita" era lo que hacía bullir su sangre. Todos conocemos esa sensación: un súbito cosquilleo en la boca del estómago cuando vemos a nuestro "tipo". Algunos de nosotros sólo vemos; otros prosiguen instintivamente y se involucran en una más de una larga cadena de relaciones infructuosas e insatisfactorias. Si no despertamos nuestra conciencia en cuanto a esas atracciones y resultantes involucramientos, podríamos pasarnos la vida en persecución de tales desilusiones. ¡Muchas personas lo han hecho!

En la zona espiritual seguiremos siendo incisivamente conscientes de nuestro "tipo" cuando éste aparezca en la pantalla de nuestro radar, pero, con la superior conciencia que hemos cultivado para llegar a esa zona y permanecer en ella, otras discriminadoras partes de nosotros expresarán sus opinión sobre la posible pareja a la que nuestro ser sexual ha identificado. En la zona espiritual nuestro corazón tendrá una nueva e importante voz en este proceso de selección de relaciones íntimas. También accederemos a la claridad mental por medio de nuestro pensamiento, más despierto, y terminaremos por considerar a un prospecto a la luz de lo que ahora sabemos que es conveniente para nosotros.

Esto no quiere decir que en la zona espiritual nuestro "tipo" ya no vaya a incitarnos y atraernos, sino que responderemos a esa atracción usando las despiertas capacidades de todo nuestro ser, ya más consciente. En la zona espiritual, Elena podría sentirse físicamente atraída por un hombre particular; pero antes de actuar movida por esa atracción, como lo habría hecho en el pasado, escuchará la opinión de las demás partes de sí misma. Su corazón, continuamente herido en el pasado, intervendrá ahora en forma notoria y expondrá sus advertencias.

Al leer esto, probablemente parecerá más que razonable poner nuestras más plenamente conscientes capacidades en las muy significativas decisiones sobre nuestras relaciones sentimentales. En la práctica, he visto a un cliente tras otro sentirse desconcertado por su poca familiaridad con su nueva atracción romántica. ¿Cuántas veces no he oído a un cliente confundido decir: "Esa persona me gusta mucho, pero no es mi tipo"? Will llegó a verme a propósito de sus negocios. Había asistido a uno de mis seminarios, había vuelto a casa y durante varias semanas había practicado algunas de las cosas mencionadas en el capítulo 1, y ahora sentía que estaba más despierto y preparado para implementar algunos cambios en su vida de negocios. Cuando llegó a verme ese primer día, parecía felizmente perplejo.

Antes de hablar de sus asuntos de negocios, me dijo que quería hablarme acerca de una mujer a la que había conocido en sus clases de yoga. Dijo que era bonita, pero que no se sentía especialmente atraído a ella en lo sexual. De hecho, pensaba que era mayor que él, y, como suele suceder, siempre se había involucrado con mujeres más jóvenes. Esta mujer era alta y morena, y su "tipo" era de mujeres rubias y atléticas de baja estatura. No obstante, se había sentido atraído hacia ella, y la había invitado a tomar un té después de su clase una noche. Se habían sentado en un café y hablado cerca de tres horas. A todo lo largo de esa conversación, Will se sorprendió comentando que ella era una mujer encantadora. Era buena, generosa, sincera y compasiva. Representaba todas las cualidades que él respetaba. Me dijo que si ella le hubiera pedido algo en ese momento, él le habría dicho incuestionablemente que sí; le habría gustado satisfacer cualquier necesidad que ella tuviera. Le pregunté si creía que la amaba. Dijo que sí, que sentía que la amaba, pero añadió rápidamente que lo que sentía por ella no era algo sexual, sino algo más parecido al amor que sentía por su hermana o una amiga. Sin embargo, desde entonces no había dejado de pensar en esa mujer, y estaba perplejo. Quería volver a verla y estar en su compañía, pero ella no era "su tipo", y no sentía atracción sexual por ella.

La situación de Will se presenta con frecuencia entre personas recién llegadas a la zona espiritual. Muchas personas se pasan la vida buscando pareja, pero su búsqueda parte de sus patologías inconscientes. Su "tipo" aún no está en línea con la persona consciente, sanada, que ellas serán en la zona espiritual. En cambio, su atracción se ve impulsada por gran variedad de deseos inconscientes. Éstos podrían derivarse de una huella de su infancia; he visto a demasiados clientes adultos que aún tratan de reproducir a la primera modelo de las páginas centrales de *Playboy* que vieron de chicos veinte o treinta o hasta cuarenta años atrás. Esta atracción inconsciente no siempre es abiertamente sexual. Una clienta llamada Luisa descubrió que se había pasado quince años buscando hombres que la trataran tan abusivamente como su madre había sido tratada cuando ella era chica; pensaba que los hombres "rudos" eran su tipo, y había encontrado a muchos de ellos.

Poner conciencia y amor propio en nuestras relaciones románticas cambiará desde luego el "tipo" de persona con que nos involucremos. La confusión de Will se debía al hecho de que antes no había discriminado con su conciencia superior. Amaba a la mujer de sus clases de yoga; esa atracción procedía del corazón, el cuarto chakra. Todas sus atracciones previas habían procedido de su centro sexual, el segundo chakra. Todo el proceso de entrada a la zona espiritual tiene la intención de realinear con el corazón el centro de nuestro ser energético.

Will siguió viéndose con aquella mujer. Se comunicaban bien y libremente, y pudo decirle que la amaba; que no quería nada de ella, que el amor que sentía por ella era toda su recompensa. Will había sintonizado con el amor incondicional. Ésta es la verdadera fuerza sustentadora del Universo. Por medio de sus prácticas de atención, Will había sintonizado con la zona espiritual. Descubrió que amaba a la mujer de sus clases de yoga; y descubrió que se amaba a sí mismo. Su atracción había pasado de ser inconsciente y patológica a ser una expresión de su amor a sí mismo.

Así que piensa en esto: ¿cómo se comportan en el mundo quienes se aman a sí mismos? ¿Cómo te comportarías tú si realmente te amaras? ¿Serías más relajado? ¿Más confiado? ¿Menos falso y manipulador? ¿Más amable con los demás? ¿Más generoso? ¿Más amoroso? ¿Establecerías claros y firmes límites para asegurar que vives en un medio bueno para ti? ¿Serías más honesto y veraz? ¿Más valeroso? ¿Más centrado en tu corazón?

¿Alguna vez has observado que hay personas a las que conoces por primera vez, o ya presentes en tu vida, que irradian cierta energía? Hay algo en ellas que llama nuestra atención. Nos sentimos atraídos o inspirados por ellas, y no sabemos por qué. Tienen cierto carisma que nosotros descubrimos que anhelamos. Hay una paz y alegría en ellas, un júbilo interior que parecen experimentar sin importar dónde estén, con quién estén o qué suceda a su alrededor. Avanzan con imperturbable seguridad e indeclinable optimismo, y nosotros nos preguntamos de dónde proceden esas cosas. Todas esas personas radiantes tienen algo en común: *se aman a sí mismas*. Sin importar lo que cualquier persona haya sentido alguna vez por ellas, han decidido amarse. La alegría y seguridad que sentimos en ellas son reflejo de su amor por sí mismas. A causa de que se aman, atraen éxito a sus relaciones, su trabajo y todos los demás aspectos de su vida. Se dan a sí mismas todo lo que le darían a un ser querido.

Cuando decides amarte, afirmas tu grandeza. Dices enérgicamente al Universo: "Decido tenerme en tan gran estima como tendría a un ser querido. Soy digno de ser amado. Merezco la felicidad. Merezco el éxito. Merezco el amor". La forma como te tratas a ti mismo indica a otros individuos y el Universo entero exactamente cómo deseas ser tratado en la vida. Si decides amarte, los demás se sentirán inclinados a amarte también. Si te amas, el Universo reflejará ese amor en ti.

Puedes empezar diciendo simplemente: "Me amo". Dilo todo el tiempo, en especial cuando menos ganas sientas de decirlo, cuando sientas que es falso o que no mereces amarte. Al decirlo en esos momentos, te abres a la posibilidad de ello. Nosotros *decidimos* amarnos; esto es una decisión, una simple pero profunda decisión con resultados milagrosos.

Si vacilas en decirte que te amas, quizá se deba a que contemplas una lista mental de todas las razones por las que no deberías amarte o no mereces tu amor. Libérate de todas las voces que surgen en ti con excusas de por qué no puedes amarte. Deja que esas voces y excusas se vayan, justo como dejas ir pensamientos distractivos en tu práctica de la respiración de botella. Deja ir las voces negativas y actúa como si te amaras. Avanza. Decide ser el tipo de persona que irradia luz, que va por la vida con una imperturbable seguridad y alegría interior.

Empieza por tu intención. Dite a ti mismo: "Me amo", y libérate de todo lo demás. ¿Sientes el cambio en energía cuando dices esas dos palabras? ¿Cuando piensas en esas dos palabras? Sucede. Tu energía cambia cada vez que dices o piensas: "Me amo". Esta práctica te libera de un equipaje que, para comenzar, nunca fue tuyo; abre espacios, dejando lugar para la felicidad y el éxito, para el acceso al infinito amor que el Universo tiene para ofrecer.

Conforme sigues diciendo "Me amo", el color de tu energía cambia. Se vuelve más brillante y vital. Empiezas a irradiar la luz que has visto en otros, la luz que te ha atraído. Desde siempre te has amado a ti mismo; sólo necesitabas actuar como si te amaras para recordarte esta verdad. Sigue diciéndolo y ve cambiar tu vida. El amor es la energía creativa y sanadora del Universo. Al invocar amor en tu vida, lo imposible se vuelve posible, lo complicado se vuelve simple, la confusión se vuelve claridad. Es una decisión sencilla. Tú tomas miles de decisiones cada día. ¿Por qué no habrías de tomar ésta? La decisión de decir "Me amo" cambiará por completo tu vida. Es tu pasaporte a la zona espiritual.

EJERCICIOS

Estos ejercicios te asistirán en la eliminación de patrones de conducta que ya no quieres en tu vida. Aunque hemos examinado patrones en las relaciones, la misma técnica puede aplicarse a otras áreas.

Haz una lista de patrones que parecen repetirse en cada una de estas áreas:

• Situaciones de salud
• Situaciones de dinero
• Relaciones
• Situaciones de trabajo

Observa que tus pensamientos y creencias también pueden provenir de tus padres o familia. Ejemplo: mi madre era la dominante en nuestra relación familiar, y mi esposa es ahora la dominante en la mía. Examina a la familia inmediata de tu infancia y ve si sus patrones se reflejan en tu familia inmediata de hoy.

Tú puedes reajustar tu situación, con límites o liberaciones, o hacerte esta pregunta: "¿Esta situación me hace retroceder, me deja igual o me hace avanzar?" Con base en tu respuesta, toma tu decisión de corregir la situación liberándote de las inconscientes suposiciones que has preservado, fijando límites que te mantengan encarrilado y centrando tu atención en el resultado final de lo que deseas. No necesitas microdirigir cada paso entre donde estás y donde quieres estar. Al identificar la verdad de dónde estás y mantenerte concentrado en dónde quieres estar, has establecido una zona espiritual en la que las fuerzas creativas del Universo actuarán para enlazar ambos lugares.

Enlista las cosas que te gustaría hacer algún día.

_____

_____

_____

_____

Enlista las formas en las que te valoras por encima del dinero, las cosas y los logros:

_____

_____

_____

_____

Toma en cuenta que al liberarte de antiguas creencias tu intención es tener claridad en lo que realmente quieres.

Escribir esas antiguas creencias es una forma de depuración. Ahora reemplaza esos antiguos patrones diciendo: "Ya no acepto estas creencias, ¡y me libero de ellas en este momento!"

AFIRMACIONES

1. Me doy permiso de vivir y ser abundante.
2. Creo en el éxito y la felicidad.
3. Rompo todos los acuerdos en mi memoria espiritual que me limitan.
4. Soy libre de ser dichoso y feliz.
5. Me libero de mis experiencias pasadas. No tienen poder sobre mí.
6. Soy libre de experimentar únicamente mi mayor amor por mí, mis relaciones y la vida.
7. Sólo acepto amor en mi vida.
8. Entre más me amo, más disfruto cada momento.

a la separación. Aunque podrías decirte que el juicio se refiere a los demás, en realidad todos los juicios se dirigen al propio ser, porque en la zona espiritual todos estamos conectados con el único ser, donde no hay "otro". El "otro" es sólo una percepción del ego, una ilusión del ser apartado. El juicio sobre los demás sólo está motivado por tu propia indignidad percibida de ser uno con ellos. Nuestro ego suscribe la ilusión de separación de los demás como medio para reforzar nuestra culpable percepción de nuestra separación de la fuente.

En verdad, tú recibiste en la concepción todo lo que siempre necesitarás o querrás. Perdonar —renunciar a— tu equivocada creencia en la separación aparta tu identidad de las muy limitadas suposiciones de tu ego y te devuelve a la totalidad —y *santidad*— de la zona espiritual. En la aceptación de tu verdad como ser espiritual te descubrirás en línea y unidad con toda la creación, y con ideales antes elusivos como el auténtico amor, alegría, prosperidad, creatividad y paz.

Mientras más perdonamos —renunciamos a— la falsa percepción de que somos egos separados, aislados, más acceso tenemos a la abundancia de la vida en la zona espiritual. Evaluar cuánto tienes —o no tienes— de lo que quieres en la vida te ayudará a ver dónde tienes bloqueos y dónde puedes beneficiarte de perdonarte más.

Un estudio de caso

Nuestras relaciones son una medida especialmente clara de nuestra dignidad. Considera la experiencia de Carol, mujer de negocios extraordinariamente exitosa que había adoptado el arquetipo del Salvador, sobre el que escribí en el capítulo 2. Carol había establecido un patrón de salvar a hombres, en particular hombres que podían conservar un empleo sólo por un corto periodo. Carol, creyéndose la Madre Teresa, siempre tenía que rescatarlos, financiera y emocionalmente. Este repetitivo patrón estaba drenando tanto su cuenta bancaria como su espíritu. Al examinar este patrón en un nivel más profundo, Carol vio al fin que elegía repetidamente a hombres que podía controlar. Pensaba que tenía que controlar sus relaciones porque actuaba como una válvula que regulaba la percibida escasez identificada por su limitada dignidad.

Carol siempre les pagaba todo a sus hombres. Ellos la daban rápidamente por sentada, sin reconocer nunca que era especial y fantástica. Estas relaciones se basaban en falsas percepciones del ego, así que nunca surgía la oportunidad de que Carol y su pareja estuvieran presentes en la verdad de la zona espiritual. Carol siempre daba, daba, daba, y nunca recibía, salvo las cuentas, deudas y constantes necesidades de sus parejas.

Ése era su patrón con su reciente pareja, David. David desconocía por completo al ser espiritual que él era en verdad, y Carol, también ignorante, estaba obsesionada por controlarlo. A diferencia de una relación saludable, equilibrada, que fluye con el amor y el apoyo, esta pareja se fundaba en entrelazadas ilusiones de carencia. Carol siempre le daba buena vida a David —viajes, ropa, regalos, tarjetas, atención—, pero su verdadera motivación era controlarlo. La verdad era que ella necesitaba controlarlo a fin de llenar su autoidentificada carencia: su retorcida lógica le decía que si David era su pareja, ella estaría bien. En verdad, el control se opone a la sanación; las autolimitadoras ilusiones de Carol sólo podían ser sanadas por medio del perdón.

David también estaba apartado de la verdad. También él operaba desde los estrechos límites de su mente, preservando y protegiendo sus ilusiones de escasez. Nunca reconocía la grandeza de Carol; en su ilusión, eso habría significado menos grandeza para él. Su retorcida lógica le decía que si le decía a Carol que era grandiosa, ella lo dejaría por alguien que la mereciera más. La equivocada creencia de David era que nunca había suficiente, en particular nunca suficiente dinero, o ayuda. Fuera de la zona espiritual, vivía separado del flujo de la fuente universal, así que no tenía ningún poder real. Siempre esperaba absorber el poder de otra persona para sostenerse o salvarse. Buscaba lo imposible.

Un día, a Carol le sucedió algo inusual. Estaba teniendo serios problemas con David. Peleaban. Él bebía, se drogaba, abusaba verbalmente de ella. Carol seguía regresando por más de eso, porque seguía creyendo que podía controlarlo. Pensaba que si satisfacía las necesidades de David, él la amaría y su amor le daría valor; ésta era la ilusión de Carol, que el valor puede ganarse o conseguirse por medio de circunstancias externas.

Vivían juntos. Carol salía a menudo con amigas después del trabajo, para no tener que estar en casa con David. Esa noche particular, una de sus amigas había invitado a un hombre llamado John a acompañarlas. Carol se sintió a tal punto hipnotizada por John que apenas si pudo hablar. ¿Qué era esa cautivadora energía? Fue un reconocimiento en el nivel del alma. John le pidió su número telefónico; Carol titubeó. Su situación con David parecía una pesadilla, y ella necesitaba algo más. En ese momento tomó la decisión de dejarse llevar por su atracción, y le dio a John su número. Éste fue su instante sanador: Carol había renunciado al control. Había perdonado (renunciado a) su separación de la zona espiritual escuchando a su intuición y pasando a la acción. Recibió de inmediato el mensaje de que John era su alma gemela, su amigo y, más tarde, su esposo.

Cuando Carol se reunió con John una semana después a tomar café, la intensa energía entre ellos fue algo que ella no había experimentado nunca. Era la verdad, desenvolviéndose justo frente a sus ojos.

Perdona las ilusiones

Reza un antiguo dicho: "La verdad los hará libres". *Es cierto*. Al perdonarte a ti mismo por tus ilusiones de alienación y carencia, te liberas de tu equivocada identidad apartada y vuelves a ponerte en línea con los infinitos recursos de la zona espiritual. Ésta es la verdadera libertad: de la carencia, de la restricción, de todas las formas de contentarte con menos de lo que mereces. No hay nada que hayas sido o hecho nunca que sea imperdonable. Al aceptar esta verdad y vivir en la verdad de quién eres en este *momento*, ocurre una alineación, una sanación, un clic. Regresas a tu identidad espiritual. En realidad, te percatas de que has estado en la zona espiritual todo el tiempo. El velo de tu ilusión de separación se levanta. Las cosas se acomodan solas en su sitio. Tú desembocas en la gracia. La vida que deseas está aquí y ahora, para que la pidas, a sólo un clic de distancia.

Carol voló de verdad en las alturas de su conexión con John. John la reconocía, la llenaba de atenciones; le mandó flores por su cumpleaños, y una cadena de plata con la nota

"¡Celebra tu vida!" David descubrió los regalos y sintió terror de que Carol pudiera dejarlo. Le prometió que cambiaría, que entraría a terapia y que obtendría ayuda para combatir su abuso de sustancias. David hizo todas las promesas, pero no partía de un lugar de verdad o amor; partía del temor a la escasez, de perder su vale de comida. Carol, aún Salvadora, aceptó otra vez esta ilusión, porque aún no estaba preparada para renunciar al control. Reinvirtió en el error de su indignidad; sentía que en verdad no merecía estar con John en ese momento. En cambio, decidió esperar que las cosas mejoraran con David.

Muy pocos de nosotros realmente practicamos examinarnos en el presente. Esperamos logros futuros, tememos futuros errores. Nos complacemos en nuestros logros pasados y nos revolcamos en pasadas decepciones. Evitamos examinarnos en el ahora, el único lugar verdadero, la única verdadera oportunidad de decidir quiénes seremos en este mundo y qué queremos para nosotros. La complacencia, el revolcamiento y la expectación son juicios contra lo que pensamos que *somos en este momento*. Nos decimos: "En el futuro seré mejor", o "Hice muy mal las cosas en el pasado, no soy bueno..." Éste es un juego que jugamos, una ilusión que abrigamos, un sueño que soñamos para reforzar nuestra separación de la zona espiritual. ¿Por qué lo hacemos? Porque no estamos despiertos. Porque hemos dado en identificarnos con nuestra pequeña mente apartada, no con nuestro infinito espíritu. ¿Por qué? Porque hemos olvidado la verdadera realidad de nuestra integridad y adoptado el sueño/ilusión/falsa realidad de nuestra separación. Nuestro ego pugna por la soberanía sobre nuestra vida reforzando esta ilusión de separación con juicios y culpas permanentes. El perdón es el único medio para volver a la verdad.

Cuando Carol le comunicó a John su decisión de volver a intentarlo con David, John la liberó con amor y le dijo que deseaba lo mejor para ella y David. John, quien ya vivía en la zona espiritual, procedía de un lugar de verdad. Confiaba en que el abundante Universo le daría lo que necesitaba. Si realmente Carol necesitaba estar con David, John lo aceptaba.

La verdad permite genuina cercanía con los demás, auténtica unión espiritual. Anhelamos intimidad en nuestra vida, pero no vivimos en el único lugar donde la intimidad reside, el verdadero aquí y ahora. Carol se aferraba a sus ilusiones acerca de ella con David; se apegaba a su proyección de que si sencillamente permanecía ahí, podría tener realización en el futuro. John la liberó con amor, y su experiencia tanto de Carol como de la decisión de ella fue amorosa.

David volvió pronto a sus antiguas conductas. Nunca podía decir la verdad, nunca podía acercarse a Carol desde un lugar de amor puro. Carol, habiendo hecho esa breve visita a la zona espiritual con John como compañero de viaje, pronto se dio cuenta de que necesitaba la verdad. Necesitaba ser su verdadero yo. Decidió abrirse, ser honesta y confiada. Le pidió a David que se marchara de su casa, y su vida cambió rápidamente. Ella y John se unieron como amigos y almas gemelas. La verdad les dio una extrema, infinita alegría. Ahora están casados y siguen dando y recibiendo amor en todos los niveles en la armonía de una relación comprometida, balanceada y espiritual plenamente vivida en la zona espiritual.

La honesta verdad

La verdad nos da acceso a todos los dones de la creación, *en este momento*. Anhelamos la prosperidad (término por el que entiendo abundancia de todo lo bueno) en nuestra vida, pero, apartada de la verdad, nuestra limitada mente nos mantiene indignos y separados. Si nuestra celosa, apartada mente juzga a personas a las que percibimos como prósperas, nos distanciamos no sólo de ellas, sino también de la prosperidad misma, la que, en la zona espiritual, es nuestro derecho de nacimiento tanto como el de ellas. Aceptar nuestra verdad es la entrada a la vida que queremos.

La honesta verdad es que en este momento tú tienes todo y a todos los que necesitas. Carol experimentó el instante sanador de confiar en que John era bueno para ella. El truco es percatarte de que no eres quien tu limitado ego cree que eres. En su momento de claridad con John, Carol vio que no debía preocuparse por controlar a los hombres para disponer de una fachada de relación amorosa. Despertó a la comprensión de que ella no era quien había pensado ser. La espiritualidad de Carol llegó a ella a través de la claridad de John, y le aseguró que podía liberarse y confiar; y desde ese lugar de entrega, ella pudo experimentar el verdadero amor.

Recuerda: nada que hayas sido o hecho nunca es imperdonable. Carol pensaba que estaba sola, necesitada y ansiosa y que era indigna, pero había cometido un error acerca de su identidad. Un error, eso era todo; un error como el que comete un niño de tres años. Todos los errores son corregibles.

¿Has cometido tú este mismo error de identificarte con tu limitada mente, con tu autoprotector ego que vive fuera de la zona espiritual? ¿Estás dispuesto a reconocer que eso es un error, a perdonarlo y a abrazar tu verdadero ser espiritual? No eres quien creíste ser. En verdad, eres un ser espiritual. Eres la espiritualidad experimentándose a sí misma en forma humana, en las peculiares y extraordinarias circunstancias y oportunidades de tu particular vida humana. Si usas el perdón para liberarte de tus ilusiones y aceptar esta verdad ahora mismo y en todo momento, serás uno con todos tus deseos. No sentirás carencia. Te sentirás relajado. Al ponerte en línea con tu verdad, pase lo que pase, te realizarás en el flujo de la zona espiritual.

Mi historia antes de la zona espiritual

No hace mucho, yo tenía una relación tóxica con el trabajo. En aquel tiempo eso me parecía sumamente normal, porque no sabía que se pudiera vivir de otra forma. No sabía que merecía algo mejor. Estaba perdido, tanto dentro de mí como dentro de la situación de mi empleo.

A semejanza de Carol, había adoptado el papel del Salvador en mi relación con mi jefe, un papel que yo pensaba entonces que era noble, generoso y bueno. Si era suficientemente bueno para la Madre Teresa, era suficientemente bueno para mí. Yo operaba bajo la ilusión de que hacía una magnánima contribución cuidando de mi empleador. Realmente lo hacía quedar muy bien, tomando siempre la iniciativa, haciendo siempre el trabajo, esmerándome siempre en reconocerlo. Pero yo no recibía apreciación por mi intenso trabajo. En mi corazón, sentía que algo estaba mal en este cuadro, pero me decía que la solución era esforzarme más, ser más desinteresado, cuidar mejor de mi jefe y empeñarme más en ser un mejor Salvador en general, en complacer mejor a los demás. Pero, en verdad, yo no era generoso ni considerado; era timorato y controlador. Trabajaba cada vez más duro para negar mi inconsciente suposición de que no merecía ese puesto, pero seguía operando bajo la suposición básica. Vertía mi energía en un hoyo negro de imposible necesidad.

Finalmente tuve que pasar por muchas aflicciones y enojos para ver la verdad de que mi jefe tenía un problema de drogadicción. Yo nunca sabía qué esperar al llegar al trabajo cada día. Desaparecían cosas, que eran empeñadas para pagar la más reciente cuenta de drogas de mi jefe. Cuando yo hacía preguntas, me hacían una gran escena, como si la culpa fuera mía. ¡Yo sólo quería ayudar! Me decía a mí mismo que las cosas mejorarían, que sólo tenía que ser más útil, más cooperativo, porque era obvio que mi jefe me necesitaba.

Yo estaba exhausto. Sentía un cavernoso vacío dentro. Empecé a comer como loco y pronto subí quince kilos. Me sentía terrible. Necesitaba hacer algo, pero no sabía qué. Entonces me enteré de un equipo de natación de expertos. De chico siempre había sido un nadador muy competitivo; el agua y la camaradería de ese deporte siempre me habían servido de equilibrio. Me uní al equipo y empecé a pasar tiempo con mis compañeros, viajando a torneos de natación al menos dos veces al mes. Mi salud mejoró, tanto físicamente por el ejercicio como emocionalmente por el tiempo de meditación pasado en el agua y el tiempo pasado en compañía de mis compañeros, emocionalmente sanos. Entre más me sumergía en su positiva energía, más empezaba a confiar en que mi situación de trabajo no era buena para mí.

Cuando pasas tiempo con otro tipo de personas, tu energía cambia. *Convivir con la verdad te exigirá vivir en la verdad*. Yo empecé a confiar en que era bueno que dejara mi trabajo. Viajé al torneo de natación del campeonato nacional de expertos en Indiana, ¡y rompí dos récords mundiales! En medio del tremendo júbilo de este logro personal, volví al trabajo, ¡sólo para encontrar que la mitad del equipo de oficina —el fax, la computadora, la videocasetera y otros artículos— había desparecido! Mi jefe había necesitado algo de dinero para "elevarse". Ése fue el fin. Me mostré firme y me marché.

Empecé a hacer yoga y todo me quedó más claro. Una vez que empecé a limpiar mi casa de todos mis embrollos disfuncionales, comencé a ver que el problema no había sido sólo mi jefe; el problema también había sido mi intención de controlar la situación. La verdad era que no me había creído suficiente: suficientemente bueno, suficientemente capaz, suficientemente listo, suficientemente atento, suficientemente alineado para merecer una sana relación de trabajo. Seguía manteniendo una percepción de mí mismo como un ego aislado, separado de la fuente; y, como estaba separado, me sentía indigno: de atención, de apreciación, de una próspera y saludable situación de trabajo.

Elige la zona

Ahora veo que todas nuestras situaciones, buenas y malas, son oportunidades únicas para vernos a nosotros mismos y despertar a un mayor nivel de conciencia. Cada experiencia es una oportunidad para optar por la zona espiritual. Tan tóxica como esa particular relación de trabajo era para mí, fue una gran oportunidad para ver mis erradas percepciones sobre mí mismo. En este sentido, ese difícil e insatisfactorio empleo fue un tremendo don: me despertó a todas las falsas suposiciones que yo había hecho sobre mí, a todas las ilusiones que había adoptado. Me había engañado al pensar que mi dignidad podía aumentar si me hacía cargo de las cosas. Había pretendido que asumir responsabilidades tenía que ver con la generosidad y la consideración y el servicio, cuando de hecho era un mecanismo que yo había construido para engañarme y sentirme necesitado, y por lo tanto merecedor de las cosas que quería en la vida. En verdad las *merecía*. Todos las merecemos. Éste es nuestro derecho de nacimiento como habitantes de la zona espiritual. Somos dignos de un sano ambiente de trabajo. *Somos* dignos de invertir en nosotros mismos. Merecemos sentirnos bien, y merecemos hacer cosas que nos hagan sentir bien. ¿Cómo sé esto? Confío. Escucho a mi corazón y no a mi mente, a mi ser espiritual y no a mi ego. Sé que todas mis angustias y concesiones procedían de una errónea creencia, impulsada por mi ego, de que yo estaba apartado y era indigno.

¿Cómo podemos sanar esa falsa creencia? Con el perdón. Nada que hayamos sido o hecho nunca es imperdonable. Yo perdoné —renuncié a— esa falsa creencia y luego me apoyé en la confianza para actuar como si fuera uno con el espíritu. Creé una nueva imagen de mi realidad, dejando atrás al ser apartado y "responsable" que se sentía indigno del flujo de la abundancia. Opté en cambio por un nuevo ser en unidad con el espíritu y con derecho a todos los infinitos y amorosos dones de la creación.

Cuando procedemos de la verdad, de la conciencia superior, nuestros deseos cambian, y tenemos una relación completamente diferente con ellos. En la zona espiritual confiamos en que nuestros deseos son sanos y honorables. No hay ninguna competencia ilusoria que me diga que mis deseos sólo pueden cumplirse excluyendo los de otra persona.

No tenemos que contentarnos con situaciones de compromiso que reflejen nuestra indignidad. Podemos buscar directamente la realización de nuestros verdaderos deseos, con amor y sin culpa de que nuestro beneficio causará el perjuicio de alguien más. Al abrazar oportunidades para realizar nuestro verdadero ser, honramos al Único Ser Verdadero. En la zona espiritual, alineados con el todo, sabemos que nuestros auténticos deseos se cumplen sin costo para nadie, porque en verdad no hay escasez ni carencia. Mi beneficio es tu beneficio. Tu beneficio es mi beneficio, porque en verdad todos somos uno. En esta verdad, ponemos un ser completamente diferente en todas nuestras situaciones, relaciones y compromisos. Ya no defendemos nuestra separación; en cambio, actuamos en todas las decisiones hacia la unión. El resultado es una experiencia de flujo sumamente satisfactoria. Ésta es la naturaleza de la vida en la zona espiritual.

El cambio

En este periodo de transición a la conciencia superior del centro del corazón, muchos de nosotros estamos fracturados. Nuestro ego y mente —que se enorgullecen de habernos mantenido a salvo y vivos hasta ahora— tienen la imposible tarea de liberarnos y confiar en que estaremos a salvo en manos de nuestra espiritualidad. Por su propia naturaleza, y a causa de que él mismo es agresivo, nuestro ego ve el mundo como un lugar inseguro, que requiere en todo momento una extrema defensa y constante vigilancia contra toda forma de ataque. Nuestro ego no confía en que nuestro ser espiritual sea capaz de defendernos exitosamente contra ataques, porque ni siquiera confía en la idea de la espiritualidad; está, por su propia naturaleza, separado de nuestra espiritualidad. También está separado de la verdad.

En este momento pasamos por un gran cambio en la conciencia humana. La humanidad entera está saliendo de la oscuridad y entrando a la luz de la zona espiritual. Durante miles de años, la gente ha vivido en su defensivo ego, separada del espíritu y separada de la verdad. Ahora empezamos a darnos cuenta de que, en verdad, todos somos seres espirituales. Todos somos un solo ser espiritual. Nuestro hogar es la zona espiritual. Nuestro ego, sin embargo, nunca aceptará esto; es innatamente un constructo defensivo y apartado, y como tal es incapaz de confiar. ¿Nos identificamos con él, como se ha hecho habitual e históricamente, o escuchamos el llamado y reconocemos y aceptamos nuestro verdadero ser espiritual? Ésta es la gran batalla de nuestra era presente. ¿Entraremos a la zona espiritual, o permaneceremos en la ilusión? Nuestro viaje nos conducirá inevitablemente a nuestra final trascendencia, porque la verdad siempre vence a la ilusión. Pero el solo hecho de que eso sea inevitable no significa que siempre nos sea fácil llevarlo a cabo.

Tengo una clienta llamada Sarah que es una muy espiritual maestra de yoga, una amorosa pareja y una amorosa madre de dos hijos pequeños. Sarah decidió hace poco que sus hijos, que ya van a la escuela, eran suficientemente grandes para que ella pudiera volver a trabajar de tiempo completo. Aunque no es maestra profesional, se sintió llamada a ser maestra de kínder; sintió que los niños de hoy, cuyas familias —y cultura— batallan con esa transición al corazón y el espíritu, le pedían que los guiara en este viaje. Sarah cree firmemente que los niños deben ser alentados y apoyados para existir en su verdad como seres espirituales.

Aunque Sarah es una mujer extremadamente capaz, nunca había dado clases a niños, excepto como madre. Pero sabía que quería trabajar al servicio del espíritu, así que simplemente siguió su voz interna de que la enseñanza era a lo que debía dedicarse en ese momento. Hizo una solicitud como asistente de kínder en dos escuelas urbanas, y pronto se le ofrecieron puestos de maestra titular en ambas. Esto le pareció sorpresivo y halagador, así como un tanto abrumador. Tenía muy poca experiencia y apenas un mínimo de capacitación, pero en la zona espiritual ocurren milagros, pues en ella nos ubicamos en la verdad de lo que somos. Cuando te comprometes con tu espiritualidad, tu vida puede obrar cambios inmediatos y radicales. Sarah aceptó al fin uno de los puestos como maestra titular, porque los directivos de la escuela le dijeron que la necesitaban mucho y porque sintió que los alumnos del grupo de kínder que se le asignó le pedían que fuera su guía.

Cuando nos identificamos conscientemente con nuestra verdad como seres espirituales, nuestra vida puede cambiar en forma abrupta; pero esto no garantiza que nuestro ego siga dócilmente esos cambios. Al enseñar en una escuela urbana pública, Sarah descubrió que su grupo estaba lleno de alumnos difíciles con grandes necesidades. Aunque era posible que sus colegas tuvieran más capacitación y experiencia docentes, todos ellos estaban absolutamente concentrados en las dificultades de sus propios grupos. El resultado fue que Sarah se vio como una maestra inexperta en una situación excepcionalmente demandante sin el apoyo de nadie, todo lo cual puso en acelerada marcha a su protector ego. Su juicio hizo aparición, y le dijo que la culpa era de sus colegas por no ayudarla, que la escuela había perdido contacto con su visión, que ella era la persona equivocada para ese puesto, que había sido una tonta al aceptar ese empleo. Sarah experimentó toda clase de ansiedades de competencia, se preguntó si acaso no había cometido un gran error y contempló la posibilidad de marcharse. Llegaba llorando a casa todas las tardes, y temía el regreso al trabajo cada mañana, temerosa de ser incapaz de satisfacer las necesidades de sus alumnos.

Al paso de los meses, Sarah se sintió cada vez más débil, exhausta y abrumada. Para el momento en que se presentó a hablar conmigo sobre sus circunstancias, parecía sumamente cansada, pálida y avejentada; alojaba tremenda tensión en su cuerpo. El estrés de sus circunstancias le había impuesto un costo tan alto que me dijo que se sentía morir.

De hecho, Sarah se *estaba* muriendo. Se hallaba en las mortíferas garras de su ego. Se había puesto en una situación en la que no había lugar para la ambivalencia acerca de si ella podía ser su verdadero ser espiritual. Era absolutamente imposible que su ego manejara las demandas de sus circunstancias, las cuales requerían amor, confianza, entrega y toda clase de ayuda de sus capacidades espirituales. Ella tenía que entregarse por completo a su ilimitado espíritu para poder sobrevivir y satisfacer las necesidades de su grupo de espirituales —y fogosos— niños. Esto le parecía mortal a su ego; era ciertamente la muerte de la soberanía de su ego. En la medida en que Sarah seguía identificándose con su ego, se sentía morir, morir físicamente. Y tal vez esto terminaría por ocurrir. Su ego arrastraría gustosamente a su cuerpo antes que renunciar al control de su espíritu. No que Sarah fuera abiertamente suicida, aunque estuvo a punto de chocar varias veces, y casi hizo volar en pedazos su cocina al prender el horno de gas pero olvidar encenderlo. Mientras que la conciencia superior es el reino del espíritu, el inconsciente está sujeto a las necesidades del ego, y a Sarah no le resultaba fácil liberarse de su ego.

Sarah y yo nos conocemos desde hace mucho tiempo y tenemos una profunda conexión espiritual, así que cuando estamos juntos ella gravita naturalmente hacia su identidad espiritual. Desde este lugar ella pudo ver que la muerte del ego es sólo una ilusión. En verdad, el ego es en sí mismo una ilusión, un ser falso, separado de nuestra auténtica naturaleza espiritual. En verdad, la muerte también es una ilusión, porque nuestro espíritu nunca muere. Nuestro espíritu es infinito. En nuestras conectadas conversaciones, Sara fue capaz de ver que el temor y la ansiedad —las manipuladoras herramientas del ego— estaban usando los retos de sus circunstancias para intentar alejarla de su confianza en su verdadera identidad espiritual. En la conexión de nuestros dos espíritus, pudo sentir la unión con todas las cosas que es la verdad en la zona espiritual. Esto es redención, el resultado natural de un total compromiso con la verdad.

Por medio de la redención, Sarah pudo liberarse del error de escuchar los juicios de su ego, que le decía que era incompetente, un fracaso, una impostora, una persona estúpida por creer que podía ser maestra. Dentro de la zona espiritual, Sarah se abre a la asistencia infinita: de sus guías y ángeles, de los guías y ángeles de sus alumnos, de los infinitos recursos de la fuente universal. En la zona espiritual, está dispuesta a experimentar milagros. En la zona espiritual, ya no es una mujer aislada en un salón aislado intentando desesperadamente resolver una situación difícil con procesos aprendidos en libros y técnicas de control de estudiantes. En la zona espiritual, en línea con la verdad, Sarah es un ser espiritual que se conecta con su grupo de kínder de seres espirituales en la fuente única que es su hogar común. En tanto esté sintonizada con su verdadera identidad como ser espiritual, Sarah ya no está separada de la verdad, de sus colegas ni de los propios niños. En el flujo de su propia verdad, posee infinita capacidad, aptitud y apoyo. Fue al ser espiritual de Sarah al que sus niños pidieron que los instruyera; cuando Sarah se encuentra con ellos en este nivel, toda la conciencia del Universo se une para ayudarle a darles exactamente lo que necesitan, exactamente como y cuando lo necesitan. Si ella se ofusca y pierde su contacto con la zona espiritual, cada momento es una batalla y un reto solitario.

En verdad, nunca estamos solos. En verdad, contamos con el incontenible, infinito apoyo del Universo entero. Aunque quizá muchos de nosotros no nos veamos en un salón de clases como Sarah, todos somos, por ejemplo, maestros de la verdad. Nuestra genuina misión es vivir de tal forma nuestra vida que siempre demostremos que somos amorosos seres espirituales. Al hacerlo, seremos modelos de armonía, paz, prosperidad, abundancia, aptitud, seguridad, compromiso, compasión, alegría, amor y luz. Al abrazar la verdad de nosotros mismos como seres espirituales que viven en la zona espiritual, perdonamos de inmediato nuestros pasados errores y nos alineamos para recibir los dones espirituales del Universo. Como fuentes de la fuente, esos dones fluyen por nosotros, hasta nuestro particular grupo de alumnos si somos maestros como Sarah, y hasta todos aquellos con los que entramos en contacto.

Una vez que hemos identificado qué es lo que queremos, es importante echar un vistazo a las cosas que podrían interponerse en nuestro camino. ¿En qué nos aferramos al enojo, el resentimiento y el juicio de nosotros mismos y de los demás, residuo de sistemas de creencias que hemos heredado o rebasado? Debemos buscar nuestro lugar sereno, invocar la verdad para identificar los lugares en los que debemos liberarnos de cosas, y luego perdonarnos a nosotros mismos y a quienes quizá nos hayan impedido dirigirnos hacia nuestra verdad.

Todo, cada aspecto de tu vida, merece escrutinio. Si algo no te sirve, no sirve para lo que quieres ser en este momento, así que debes perdonar tu error y liberarte de él. Si algo no es lo mejor, no es para ti. Esto puede realizarse simbólicamente observando tus pertenencias y tu ambiente. ¿Qué es esa pila de papeles sobre tu escritorio? Deshazte de ellos o tíralos; te pesan. Asómate a tu clóset. Si hay prendas que no te has puesto en seis meses, regálalas; te agobian, quitando espacio para las nuevas prendas que expresarán lo que eres ahora. Todo aquello de lo que te rodeas debe reflejar tu mentalidad superior. Está ahí para recordarte quién eres: la Infinita Fuente Espiritual experimentándose a sí misma a través de la encarnación humana.

La autocomplacencia no es noble ni humilde; es parte de la gran ilusión motivada por el temor. No les sirve a tu espiritualidad ni a tus seres queridos que tú seas desdichado o estés insatisfecho. Toda complacencia te empequeñece y niega a tu espiritualidad la oportunidad de fluir por ti. Es momento de usar el perdón para abandonar antiguos hábitos de pensar a lo chico y ser pequeño. Perdónate por haber vivido en este error, y luego olvídate de él.

Cómo respondes y piensas en los retos de la vida es una de las claves más importantes para la vida exitosa. Primero debemos dar marcha atrás y reconocer tal incidente de nuestro pasado, o cierta verdad sobre nosotros con la que estamos incómodos, y reemplazar nuestros juicios en contra nuestra por el perdón. Hemos creado el plan de nuestra vida, así que también podemos descrearlo, lo cual hacemos a través del instrumento del perdón. Debemos dar marcha atrás y rehacer algunas partes.

EJERCICIOS

Usa las siguientes preguntas para ayudarte a identificar los aspectos y áreas de tu vida que se beneficiarán del perdón. He comprobado que escribir las respuestas ayuda a dar claridad y discernimiento.

1. ¿De qué te ha servido decidir no perdonar?
2. ¿Ganaste algo por no perdonar a alguien, algo o a ti mismo?
3. ¿Por qué no puedes perdonarte?
4. ¿Qué te impide perdonar a los demás?
5. ¿De qué te sirve aferrarte al resentimiento y el enojo?
6. ¿Como te sentirías si sintieras que amas o eres amado todo el tiempo?
7. ¿Cuál es tu creencia y pensamientos acerca de tener o vivir una relación de amor contigo mismo y los demás?
8. ¿Qué significa la palabra "amor" para ti?
9. Es momento de empezar una nueva vida, un nuevo comienzo. Deshazte de tu equipaje. Perdónate ahora, libérate con amor y acepta el amor.

AFIRMACIONES

Usa las siguientes afirmaciones para reforzar las nuevas verdades que has identificado para ti. Elige las que resuenan para ti. Repítelas a lo largo del día, o escríbelas veinte veces al día para efectos de reforzamiento.

1. Me amo.
2. Merezco sólo lo mejor en la vida.
3. Me perdono por todo.
4. Perdono a mi madre por todo.
5. Perdono a mi padre por todo.
6. Me perdono por haberlos lastimado y no haberlos amado.
7. Perdono y me libero de todas las relaciones pasadas.
8. Soy amor.
9. Tengo amor en todas mis relaciones.
10. Soy digno de ser amado y respetado.
11. Soy plenamente funcional y estoy listo para vivir el amor.
12. Soy amoroso y poderoso.
13. Doy amor y recibo amor.
14. Valgo.
15. Espero un milagro amoroso cada día.
16. Me permito ahora tener una íntima relación amorosa.

Parte dos

Cómo permanecer en la zona espiritual

4
Activa tu poder de decidir

Los capítulos anteriores versaron sobre cómo llegar a la zona espiritual. Para facilitar ese acceso, exploramos algunas prácticas para despertar, revitalizar y fortalecer nuestro cuerpo, librar a nuestra mente del destructivo pensamiento casual y sanar nuestro corazón mediante el perdón y la decisión de amarnos a nosotros mismos. En combinación, estas prácticas tienen el efecto de llevarnos de la adormecida inconciencia del pasado a la elevada conciencia de la zona espiritual. En esta zona podemos usar nuestro acceso a una conciencia superior para decidir la vida que queremos para nosotros.

Como aprendimos en los capítulos anteriores, podemos elegir el temor o el amor, la indignidad o la dignidad, el trajín o la serenidad. Podemos elegir a nuestros amigos y pareja por patología o hábito, o podemos elegirlos por la consciente claridad de lo que verdaderamente queremos para nosotros. Podemos elegir amarnos o elegir no hacerlo.

Todo en la vida es decisión. Todo. Esto podría parecer brutal si consideras algunas de las tragedias que muchos de nosotros hemos tenido que sufrir, pero de todas maneras es verdad. Dos de mis más queridas amigas perdieron a su bebé debido a accidentes en la sala de partos. Su aflicción por la muerte de ese hijo fue tremenda, devastadora. Pero junto a su muy humana aflicción estuvo la comprensión de que el ser espiritual que su hijo era tomó esa decisión por sí solo. Ellas decidieron no culpar al hospital ni al médico —ni a sí mismas—, porque, viviendo en la zona espiritual, comprendieron que esa muy breve encarnación fue justo el destino que sus hijos eligieron.

Toda la vida es decisión. Como seres espirituales, tomamos decisiones antes aun de iniciar esta vida en la Tierra. Has oído la palabra "destino". El destino es el plan que tenemos para esta vida como seres espirituales antes de consentir el olvido de la encarnación física. Cada uno de nosotros llega aquí con un plan para sí. Escogemos a nuestros padres y hermanos, así como nuestro orden de nacimiento, raza, género, nacionalidad y condición socioeconómica. Determinamos nuestra vida con objeto de maximizar las lecciones que debemos aprender y las experiencias que deseamos tener como seres espirituales, todo lo cual fomenta nuestro desarrollo como almas.

Así, decidir es algo que todos hemos hecho desde hace mucho, mucho tiempo. Decidir en forma consciente, por otro lado, podría ser algo sumamente novedoso para algunos de nosotros. En el capítulo 2 me referí a varios arquetipos; bueno, esos tipos viven su vida como si no tuvieran otra opción. Los conciliadores, por ejemplo, creen que en la vida tienen que ceder la elección a alguien más. Esto es sólo porque están dormidos al hecho de que ya han tomado una temprana, rotunda decisión de actuar como conciliadores. Al tomar esa contundente decisión, los conciliadores redujeron el monto de decisiones menores que tienen que tomar; es como si hubieran aceptado una ruta completa de decisiones preprogramadas. ¿Qué dice de la raza humana el hecho de que tantas personas vivan arquetipos en vez de vivir una vida plenamente consciente? Que a la gente le gusta dormir. Que evita la responsabilidad. Que demasiadas personas andan dormidas por la vida, o están demasiado ansiosas de ceder a otros su poder de decidir su vida. Que la humanidad se ha saltado la zona espiritual.

Yo les pregunto a clientes que van a verme: "¿Qué quieres?" Demasiados de ellos contestan: "No sé". ¿Cómo puedes esperar que te suceda algo si no sabes qué quieres? Aun así, la mayoría de las personas no saben qué quieren; sólo vacilan entre opciones o vagan adormiladamente por la vida sin que ocurra nada en realidad. No son felices, pero tampoco han destinado un solo pensamiento real a qué podrían decidir tener o hacer para que les ayude a ser felices. Si no sabes lo que quieres, sólo flotarás por la vida; bien podrías ir a un muelle y sentarte en un bote.

Cuando vamos a restaurantes, no tenemos muchos problemas para decidir qué ordenar. Leemos las opciones del menú, le decimos al mesero lo que queremos y luego nos arrellanamos y confiamos plenamente en que nuestras selecciones llegarán a nosotros justo como las pedimos. Si no puedes decidir qué ordenar, no tiene caso que estés en el restaurante; sólo ocupas espacio. Es fácil advertir lo absurdo de la conducta de este ejemplo, ¡pero la mayoría de la gente se comporta en forma igualmente absurda en lo que se refiere a su propia vida!

Apunta a un resultado final

Piensa en un resultado final como objetivo. Si no tienes un resultado final claramente articulado, vagarás sin sentido y no llegarás a ninguna parte. Fijar metas muy específicas como resultado final —con fecha de vencimiento— es la única manera de trasladarse de un punto a otro. ¿Recuerdas que páginas atrás aludí a la importancia de vaciar tu clóset de la ropa de gordo porque al conservarla inviertes en el resultado final de volver a estar gordo y tener que volver a ponértela? Debes usar tu conciencia despierta para hacer la conexión entre cada acción que realizas y el resultado final al que esa acción te dirige. Acostúmbrate a hacerte frecuentemente esta pregunta a lo largo del día: "¿Esta acción particular respaldará a mi resultado final? ¿Comer esta rebanada de pastel de chocolate? ¿Asistir a esa clase de yoga? ¿Pasar una hora viendo este progama de televisión? ¿Ir a una cita con esta persona en particular?"

Debemos aquietarnos, escuchar y concentrarnos en metas muy específicas. Un cantante, por ejemplo: "Haré el mejor CD de mi vida, que realmente haga despegar mi carrera, y lo haré en la grabación de este viernes en la noche". O: "Quiero ser sano y atractivo en mi perfecto peso, así que a partir de este momento sólo comeré la cantidad de alimentos que respalde la imagen de lo que realmente soy". Sé específico. En un restaurante, no entras sencillamente y dices: "Déme de comer"; ordenas berenjena a la parrilla y un sándwich asado con chile morrón en hogaza de hierbas finas con aceite de ajo y albahaca. La vida siempre nos sirve algunas sorpresas; no es necesario que contribuyamos a la confusión siendo poco claros en nuestras solicitudes.

Hace unos cuatro meses recibí a un cliente al que llamaré Michael. Michael era un muy calificado biólogo marino, pero al parecer no podía ordenar su vida para conseguir un empleo en su profesión. Vivía en su bote, bebiendo, fuera de control. La única razón de que hubiera ido a verme fue que su novia le dijo que lo dejaría si no ponía en orden su vida. Le dije a Michael que tenía que tomar las decisiones que lo pusieran en el camino de ser el mejor biológo marino de la historia. Le dije: "Busca en la cima. Contacta al ejecutivo más importante de la compañía más importante en tu campo, y ve y toca a su puerta". Bueno, Michael lo hizo y le dijeron que no; pero apenas la semana pasada recibió una llamada en la que le dijeron que habían revisado su currículum y que querían contratarlo para que ocupara un puesto vacante. ¡Michael cayó en éxtasis! Había tomado posesión de su poder.

Antes de ir a verme, Michael se había estancado en su indecisión. Juntos descubrimos que estaba incapacitado por haber internalizado la voz de sus padres, quienes toda la vida le habían transmitido el mensaje de que nunca haría nada sin su ayuda. En realidad Michael había aceptado eso, tratando siempre de agradar a mamá y papá. Su inconsciente resultado final era estar seguro de que nunca lograría nada. Al aceptar ese puesto de biólogo marino, Michael asumió efectivamente su verdadero poder y rompió su larga y disfuncional dependencia de sus padres. Este acto cambiará radicalmente y para siempre su relación con ellos. La próxima vez que los vea, tendrá que encarar resueltamente el desafío de no regresar a su antiguo patrón; deberá confiar en que, pase lo que pase, ha asumido su verdadero poder. Si ellos deciden reprenderlo o enojarse con él, ¡lástima! Ése es su problema; no forma parte del equipaje de Michael. Él no puede regresar a su antigua conducta ni sabotear su nuevo empleo sólo para agradar a mamá y papá. Éste es un gran problema para las personas que no sienten ser el número uno: siempre buscan aprobación. Deben darse cuenta de que su propia aprobación es la única que importa. Para ponerse primero a sí mismas, les es tremendamente útil decidir amarse.

Mantente alineado

Yo asesoré a Michael sobre cómo interactuar con sus padres. Debe acercarse a ellos con límites firmes. Debe responder a sus críticas diciéndoles: "¿Saben qué, mamá y papá? Ése es su punto de vista, pero yo sé que siempre tomo las decisiones correctas. Siempre consigo el empleo más indicado para mí". De esta manera, no discutirá con ellos; les permitirá tener su propia idea, y rematará con su positiva declaración sobre su decisión. Revitalizará de este modo su usual y estancada energía y recuperará su poder, para utilizarlo en su mayor beneficio. Esto es una especie de aikido, el arte marcial en el que rediriges la fuerza destinada en tu contra para usarla para tus propios fines.

Es muy interesante ver cómo la conducta de nuestros padres influye en nosotros. Cuando éramos niños, nuestros padres tenían tan tremendo poder sobre nosotros que es fácil que sigamos cediendo a su autoridad ya como adultos. Debes mantenerte consciente y en línea con tu propia grandeza espiritual para que puedas crear el pensamiento intencional que manifieste tus decisiones correctas. Así es como el Universo te apoya. Debes ser un conducto de energía espiritual para que puedas tomar decisiones correctas todos los días. Si te mantienes en línea con la zona espiritual, el Universo respaldará tu grandeza y te dará ilimitada prosperidad, ilimitadas oportunidades, ilimitada libertad, ilimitado todo lo que quieres.

¿Cómo puedes mantenerte alineado? Usa las prácticas que exploramos en el capítulo 1. Mantén consciente tu cuerpo mediante la alimentación y el ejercicio correctos. Mantén consciente tu pensamiento por medio de la meditación y la intención. Obtén claridad y mantente concentrado en tu resultado final. Mantén consciente tu corazón mediante la constante práctica del perdón y decidiendo continuamente amarte a ti mismo.

¡A veces esto es difícil! Hay días en que no nos sentimos fuertes, no tenemos ganas de amarnos; hay días en que no nos sentimos bien. Nuestros antiguos patrones han arraigado tan profundamente en nosotros que hay días en los que realmente es necesario invertir gran parte de nuestra energía para mantener nuestra alineación espiritual. Muchos de nuestros antiguos patrones —como los de Michael— vienen de nuestra niñez. Son tan profundos que están en la estructura misma de nuestras células. Cuando niños, veíamos a nuestros padres como dioses; dependíamos por completo de ellos, y les concedíamos tremendo poder sobre nuestra vida. Complacer a nuestros padres representaba nuestra sobrevivencia. Ahora que sobrevivimos por nosotros mismos como adultos, es momento de eliminar esa suposición de nuestra motivación.

Unas palabras para los padres

En el otro lado de esta ecuación padres-hijos, debemos despertar al poder que ejercemos sobre nuestros hijos. Reconociendo ese poder, debemos ser vigilantemente conscientes de nuestras decisiones como padres. Es vitalmente importante que como padres demos a nuestros hijos reforzamiento positivo todos los días: que son grandiosos, que tienen una valiosa contribución por hacer, que son los protagonistas —y directores— de su vida. Todo empieza en el hogar. Padres: busquen intencionalmente una o dos horas al día para estar con sus hijos, a fin de que durante esa concentrada atención sus hijos se sientan como reyes. No estoy diciendo que los consientan con juguetes. Lo que ellos necesitan es profundo contacto y reconocimiento. Díganle a su hijo: "¿Sabes qué? Eres una persona excelente. Me siento muy orgulloso y muy feliz de ser tu padre. Estoy seguro de que podrás lograr todo lo que te propongas. ¿Qué te gustaría hacer hoy?" Dándole primero reconocimiento y aliento sincero y positivo, y ofreciéndole después una opción, empezarán a sentar las bases de su poder personal. Los padres tienen todos los días tremendas oportunidades de tomar decisiones correctas en beneficio de sus hijos.

Los padres también tienen la excepcional y preciosa oportunidad de *sanar el futuro* poniendo su conciencia superior en su paternidad. La respetuosa, amorosa paternidad que refuerza la grandeza de los hijos permitirá a los pequeños que se conviertan en los líderes del mañana soñar más alto de lo que tú o yo habríamos podido imaginar. Recuerda: antes de encarnar en su cuerpo físico, tus hijos planearon su destino. Te escogieron a ti como padre/madre. Creyeron en tu capacidad para tenerlos con objeto de que ellos pudieran sanar el futuro. Éste es un honor por encima de todos los honores, y una responsbilidad por encima de todas las responsabilidades. Ésta fue tu decisión también: tomaste la decisión espiritual de participar en esta relación padre-hijo. Al decidir amarte reconoces tu grandeza, y tu grandeza es necesaria para cumplir el destino que planeaste para ti.

Sueña que tus decisiones se hacen realidad

Los sueños se vuelven realidad. Considera a mi clienta Annie. Cuando era niña, vivía en otro país. Era huérfana y vivía en un orfanatorio. Pero nunca dejó de soñar, y miraba las estrellas cada noche. Se dijo que algún día viviría en Estados Unidos, y que tendría mucho éxito y mucho dinero. ¡Creyó en eso! Se lo pedía a sus ángeles y sus guías. Miraba las estrellas y sabía que había una salida, aunque ignorara los detalles de ésta. Las monjas se burlaban de ella y le decían: "Oh, sólo estás soñando. ¿Por qué no vuelves a la realidad y piensas qué vas a hacer de tu vida en esta ciudad?" Annie sabía que esa ciudad no era donde ella iba a estar. Veinticinco años después tuvo la oportunidad de mudarse a Estados Unidos y adoptar la ciudadanía estadounidense. Ahora es una exitosa mujer de negocios que hace una diferencia ayudando a niños. Ayuda a niños a aprender un oficio; realiza eventos de caridad en los que recauda dinero para enseñar a niños a adquirir habilidades y entrar al mercado de trabajo a fin de que puedan funcionar exitosamente en el mundo. Está viviendo su sueño.

La vida empieza cada vez que tú quieres. Tú puedes cambiar tu vida todo el tiempo: a cada minuto, cada hora, cada día, cada semana, cada mes. Tienes una decisión por tomar en cada movimiento que ejecutas, cada respiración que realizas, cada pensamiento que abrigas. Imagina que respiraras con plena conciencia intencional: cada vez que inhalaras, cobrarías aliento para implementar tu decisión en cuestión. Imagina que cada movimiento y pensamiento están cargados con la intención de permitir el cumplimiento de tus deseos. Imagina el poder que toda esa conciencia concentrada generaría. Así es como creas tu vida. Generas ese poder. Sólo que, si no lo llevas a tu conciencia, se fuga en todas direcciones. Sigue siendo una fuerza creativa; pero, sin tu conciencia intencional, potenciará tu cavilación inconsciente en vez de tu pensamiento intencional. Tu tarea ahora es concentrar y dirigir ese poder hacia tus deseos claramente identificados y enfocados, tus articulados resultados finales.

El bloqueo del temor

La vacilación y la indecisión son expresiones de temor basadas en decepciones y heridas pasadas. Si esperamos que el pasado se repita, así será; *porque, al esperar eso, ¡ya hemos tomado una decisión!* Vivimos en ese resultado final. Si no nos concentramos en los cambios que queremos y no los invitamos a nuestra vida, el orden imperante no cambiará; hemos decidido eso al no ordenar algo diferente. Es como ir a un restaurante y ordenar habitualmente "lo de costumbre" en vez de explorar el menú y las especialidades del día. El temor nos mantendrá paralizados, estancados. Nos atascamos al preguntarnos si somos dignos, o si nuestros deseos son puros. Yo estoy aquí para decirte que, si pones toda tu conciencia e intencionalidad —tu atención— en tus deseos, puedes confiar completamente en ellos.

Nuestros verdaderos deseos son en sí mismos expresión de nuestra espiritualidad. Nuestra espiritualidad es en sí misma extensión del bien universal. En la zona espiritual podemos confiar en que nuestros deseos son sagrados y complementamente dignos. Al identificar y perseguir nuestros deseos en forma concentrada, específica, atenta, servimos a nuestro destino espiritual, dando más amor, más bien, más felicidad y más abundancia al mundo. Éste es todo el propósito de nuestra encarnación.

La decisión del amor

Tengo una clienta a la que llamaré Dharma, que está más despierta que la mayoría y que en gran parte realmente vive su vida en la zona espiritual. Ella es atenta e intencional en la forma en que mantiene su cuerpo, su pensamiento y sus emociones. Llegó a mí con la preocupación de que sentía una tremenda atracción por un compañero de trabajo, Tim. Tanto Dharma como su compañero de trabajo están felizmente casados. No obstante, Dharma se sorprende pensando en Tim, soñando con él durante su vida durmiente, buscando estar en su presencia en el trabajo. Me dijo que esa atracción no era particularmente sexual, aunque podía imaginar canalizarla en una forma sexual. Le parecía inusual que en realidad no quisiera nada de Tim; sólo quería poder darle algo. Así, dirigía hacia él pensamientos positivos y amorosos. Lo apoyaba en el trabajo, ayudándolo a realizarlo bien, y a tener éxito. Acudió a mí para hablar de esto, porque Tim se había convertido en un interés absoluto para ella. Quería saber si esto estaba bien.

En la zona espiritual tenemos tremendo poder y capacidad en relación con la pasiva y adormilada manera en que hemos vivido antes. En esa zona estamos tan despiertos que reconocemos a nuestros aliados en la espiritualidad. A veces ellos también nos reconocen; otras, aún no han despertado tan plenamente como nosotros. Podríamos sentir la inclinación o incluso la responsabilidad de ayudarlos a despertar, tal como en este libro yo siento la responsabilidad de ayudarte a despertar. En la zona espiritual despertamos tanto a nuestra capacidad de amor incondicional que no podemos menos que desear ayudar a los demás. Inicialmente, esto se extenderá a nuestros seres queridos identificados: nuestro cónyuge, hijos, padres, hermanos, amigos cercanos. Pero al profundizar en nuestro compromiso de vivir en la zona espiritual, encontraremos que nuestro amor incondicional se extiende al siguiente círculo: la comunidad inmediata de nuestra iglesia, compañeros de trabajo, vecinos, las demás familias de la escuela de nuestros hijos.

Esto es lo que Dharma está experimentando con su compañero de trabajo Tim. Descubre que lo ama incondicionalmente. Su capacidad para este amor ha pasado del círculo más íntimo de sus estrechas relaciones personales al siguiente, comenzando por ese particular compañero de trabajo. Yo le ayudé a ver que lo que siente por él es simplemente amor. Ella no quiere nada de él; no le atrae particularmente en lo sexual; está más que satisfecha con su esposo. Ama a Tim *porque el amor es nuestra reacción natural a otros seres una vez que hemos alcanzado la claridad de la zona espiritual*. En esta zona, Dharma es libre de seguir su natural inclinación de amar a ese compañero de trabajo. No quiere que sean amantes; simplemente lo ama.

Dharma tiene que decidir si hacerle saber esto a Tim o no. Bueno, déjame replantear esto: tiene que decidir si decirle que lo ama o no. En un nivel espiritual, Tim sabe que ella lo ama. Ella puede decidir dejar que su amor por él permanezca en este nivel. Esto podría parecerte raro al principio, pero ella puede decidir amarlo sin que eso se vuelva algo personal. Quiero decir, sin comprometer su personalidad. Ella puede simplemente amarlo y seguir apoyándolo porque amar es su reacción natural a él como ser espiritual igual que ella.

Esta experiencia es tanto emocionante como perturbadora para Dharma. Es emocionante porque le resulta agradable haber abierto su corazón a ese otro ser sin buscar nada a cambio. El amor incondicional es una tremenda capacidad, en sí misma satisfactoria, de los seres humanos que viven en la zona espiritual. Para Dharma es una novedad que su capacidad de amar haya rebasado el círculo inmediato de sus relaciones personales. Esto continuará, sin embargo, ahora que ha dado ese primer paso. Dharma se verá llegar a un creciente número de sus interacciones humanas a través de su amor incondicional. Al profundizar cada vez más en la zona espiritual, nos veremos llegar cada vez más lejos en los círculos concéntricos de nuestra vida en una forma profundamente amorosa.

Éste es el impulso espiritual de los grandes santos: santos tradicionales como San Francisco de Asís, que extendió su amor al círculo del reino animal, y santos contemporáneos como la Madre Teresa o Mahatma Gandhi, que expresaron su amor incondicional mucho más allá de su círculo personal para servir a gran cantidad de seres que experimentaban todos los niveles de humanidad. Cada uno de estos ejemplos —Dharma, San Francisco, la Madre Teresa, Gandhi— tomó la decisión de ser un ser humano consciente, intencional. Al hacerlo, entró en la zona espiritual, donde la ilusión de la separación de los demás empieza a evaporarse, y el amor incondicional se vuelve la moneda corriente de la interacción social.

Tú también has tomado la decisión de estar en este camino. Cuando elegiste este libro, cruzaste el umbral de la zona espiritual. Has identificado claramente tu resultado final. Estás en la tremendamente cooperativa compañía de seres de gran capacidad. Bienvenido a casa.

EJERCICIOS, PARTE UNO

Esta serie de ejercicios está diseñada para ayudarte a estar más plenamente consciente en tu vida, trasladándote de la adormecida ilusión a la claridad de la zona espiritual. He comprobado que es realmente muy efectivo meditar en cada pregunta, lo cual podría ser un proyecto de varios días. Deja que las respuestas emerjan desde tu psique; duérmete pensando en las preguntas y ve qué diferentes respuestas encuentras en tu ser más profundo. También he comprobado que es muy efectivo escribir las respuestas en un cuaderno, para que puedas volver a él y añadir ideas más profundas conforme se te vayan ocurriendo.

1. ¿Cuáles son tus mayores bloqueos en la vida? Diseña cinco maneras en las que podrías decidir vencer cada uno.

2. ¿Qué significativas decisiones de la vida has estado posponiendo? Esclarécelas.

3. ¿Tomas decisiones con base en tu voz interior? ¿Los demás influyen en tus decisiones?

4. ¿Qué sentimientos brotan en ti cuando no tomas la decisión correcta? Practica la identificación de esos sentimientos, y te servirán como despertadores en tus decisiones vitales.

5. ¿Culpas a alguien de haber tomado una decisión por ti? ¿A quién? Perdónalo ahora.
   Perdono en este momento a ——————————— por ———————————.

6. Escribe los cinco momentos más felices de tu vida. Reconoce los sentimientos asociados con esos momentos.

7. ¿Qué te emocionaría mucho en la vida si lo tuvieras a partir de este momento?

8. ¿Cómo te sentirías si ya lo tuvieras?
9. Haz una detallada lista de tus talentos, todo lo que crees o sabes que es especial en ti.
10. Enlista a todas las personas con las que sigues enojado, y de las que mantienes un pensamiento negativo. ¿Por qué?
11. ¿Qué pasaría si perdonaras a todas esas personas y todas esas cosas de tu vida?

La verdad es que si perdonaras todo en tu vida, serías libre de ser tu propio ser divino.

EJERCICIOS, PARTE DOS

Ahora responde estas preguntas. Sé honesto:

1. ¿Qué deseas secretamente tener en este mundo?
   a) ¿Ser?
   b) ¿Hacer?

2. Si el dinero no fuera un problema para ti, ¿qué harías en tu vida?
   a) ¿Qué tendrías?
   b) ¿Qué serías?
   c) ¿Qué comprarías?

3. Mi carrera ideal es _____ .
4. Mi relación ideal es _____ .
5. Mi cuerpo ideal es _____ .

 AFIRMACIONES

Di y escribe las siguientes afirmaciones en tu diario o cuaderno. Vuelve a concentrarte en aquellas que realmente resuenan para ti, y conviértelas en una práctica diaria:

1. Acepto todos los milagros en mi vida, ¡ahora!
2. En este momento me aprecio amorosamente y aprecio amorosamente a los demás.
3. Confío en mí y en mi ilimitado potencial.
4. Confío en mí mismo, y tomo sólo las mejores decisiones.
5. Acepto sólo lo mejor en la vida.
6. Me doy permiso de ser vulnerable.
7. Soy amoroso y seguro de mí mismo.
8. Confío en mi voz interior.
9. Me doy permiso de vivir como lo decido.

Concibe estas afirmaciones como herramientas para el viaje. Úsalas para reforzar tu intención de estar en la zona espiritual en cada oportunidad en que tengas que decidir algo en tu vida. Te ayudarán a reconocer que siempre tienes opciones y que cada decisión que tomas puede propulsarte a la zona espiritual.

5
Reconoce que tienes apoyo

La vida moderna interfiere a menudo con las estrechas relaciones que alguna vez caracterizaron a la familia extensa tradicional. La soledad y la depresión debida al aislamiento son desafortunadamente quejas comunes en el mundo occidental. La mayoría de los occidentales vivimos ahora en áreas urbanas y suburbanas, pero, irónicamente, esta extrecha proximidad con los demás ha engendrado aislamiento y autonomía más que relaciones cercanas y cooperativas. La sociedad está fraccionada a lo largo de muchas líneas: socioeconómica, racial, política, religiosa, intelectual. Hay categorías y subcategorías de grupos sociales identificados de acuerdo con intereses comunes específicos. Participar en esos grupos puede brindar la oportunidad de contacto relevante con personas de mentalidad afín, pero por lo general no proporciona la profunda y tranquilizadora sensación de pertenencia que las personas ansían para satisfacer su innata necesidad humana de contacto espiritual.

No estás solo

Como ha empezado a experimentar mi clienta del capítulo anterior, Dharma, la zona espiritual es una comunidad milagrosa rica en profundas y significativas oportunidades de relaciones espirituales. La zona espiritual es tu comunidad espiritual. Pertenecer a esta comunidad es tu imperial derecho de nacimiento. Al conectarte con otros ciudadanos de la zona espiritual, como Dharma ha empezado a hacer, experimentarás que esa zona es la amorosa comunidad que tu ser más profundo siempre ha anhelado. Ya la tienes.

La ilusión de aislamiento

Antes de despertar a la zona espiritual, vivíamos en un mundo centrado en el ego. Habitualmente juzgábamos a los demás como mejores o peores que nosotros, con el subconsciente pero intencional resultado de apartarnos de ellos. Preferíamos pensar en nosotros como individuos aislados, solitarios, y fraguábamos toda clase de razones para convencernos de que no éramos dignos del profundo contacto y la comunión espiritual con los demás.

Ésos son los hábitos del ego al pugnar por la soberanía sobre nuestra vida; el ego que teme ser aplastado y abandonado si rendimos nuestra vida a nuestra espiritualidad despierta. Liberarse de un ego vigilante y determinado a ser soberano puede ser difícil; este constante reto es intensificado por la elevada conciencia de caracterizar todas tus decisiones como de amor o de temor. El ego se basa en el temor; el corazón se basa en el amor. Si tú luchas con la ambivalencia al avanzar por este libro, estás experimentando las reacciones de tu ego autoprotector basado en el temor, que no quiere rendir su soberanía a tu superior conciencia espiritual, basada en el amor. Hasta ahora tu ego ha funcionado como una efectiva válvula, manteniéndote a salvo de sus percepciones de peligro, y por esto debe ser honrado. Sin embargo, también te ha privado de los dones de la comunión espiritual, al suscribir la ilusión de que estás aparte, separado de tu naturaleza espiritual y de la de los demás. Por este error debe ser perdonado.

Rebasa la soberanía del ego

Al avanzar juntos hacia la conciencia superior de la zona espiritual, empezamos a rebasar los estrechos confines del ego. Mediante el mensaje y prácticas de este libro, hemos terminado por identificarnos con nuestro infinitamente ensanchable ser espiritual, que ni aplastará ni abandonará al ego, sino que, más bien, lo contendrá amorosamente, apreciará su adecuada utilidad y perdonará sus equivocadas ilusiones de soberanía. Al viajar a la zona espiritual, nos embarcamos en una noble y sagrada búsqueda de amor. Abrazar sin temor la verdad y ofrecer inmediato perdón son nuestros invencibles instrumentos. Un corazón pleno, la abundancia y una profunda comunión amorosa con toda la vida serán nuestras justas recompensas.

No estás solo. Yo estoy contigo. Lo mismo otros millones de personas. Te protegemos. Eres único e irreemplazable. Formas parte integral de la grandiosa Totalidad que Es. Créeme. Es únicamente la arrogancia del ego la que te hace pensar otra cosa: que eres un individuo aislado, separado, en competencia por recursos limitados con otros individuos aislados y separados. Desde la perspectiva de la zona espiritual, esta ilusión es perfectamente fácil de desenmascarar. Tú y yo no estamos más separados que dos manzanas que crecen en la misma rama. Estamos íntimamente conectados a través de nuestros comunes y copiosos orígenes en el árbol de la vida.

Tu ego cree que su labor consiste en combatir a los demás para proteger su sobrevivencia. Cuando siente amenazada su autoridad, también te combatirá a ti. ¿Cómo podemos hacer frente a esto? Con una palabra: *perdón*. Perdonamos a nuestro ego por no saber que las cosas no son así. Nos perdonamos a nosotros mismos por permitir que nuestro ego y su agenda de separación ejerzan dominio sobre nuestra vida. Redimimos ese error. La ilusión de separación es sanada por la redención. La redención pone apropiadamente en línea nuestra identidad como parte de la grandiosa Totalidad que Es. La redención se alcanza por medio del perdón.

La alegría de la redención

No hay fronteras separadoras del ego en la zona espiritual. Todos existimos juntos en el flujo universal. Al igual que mi clienta Dharma, tú te has visto o te verás amando impersonalmente a otros individuos en tu vida. En la zona espiritual, abundante amor pasa por ti, fluyendo libremente a quienes entran en contacto contigo (y también a aquellos en quienes sólo piensas o imaginas). Una vez que tu juicio habitual se desvanece, empiezas a sentir una profunda conexión con todos los seres humanos, en realidad con toda la vida. Todos somos expresiones de la vida; somos luz cristalizada en vibrante forma física. Nos expresamos como amor. ¿Qué dijeron los Beatles? "Yo soy él como tú eres él como tú eres yo y todos somos juntos". Juntos, ¡somos vida!

Al practicar la atención, seguirás despertando cada vez más. Tu intuición se desarrollará, quizá asombrosamente al principio. Esto se debe a que no estás separado. Empalmas

con toda la vida. Hay partes espirituales de ti que posees
en común con otros. En estas áreas comunes, tu reacción
natural ante los demás es el reconocimiento, la simpatía y
la compasión. Sentirás el dolor y la soledad de los extravia-
dos y los confundidos, y tu sensible corazón se ensanchará
para incluirlos. En la zona espiritual, la redención será tu
reacción a los demás: sentirás un impulso hacia el contacto
profundo. Éste es el amor incondicional actuando a través
de ti. El amor incondicional es su propia recompensa: lo
das porque te parece bueno y correcto, más allá de la respuesta.

Compañeros del viaje espiritual

No estás solo en la zona espiritual. Créeme. Tienes a tu alrededor a millones de miembros de una familia de despiertos. Te cargan entre todos de la misma manera en que una
fascinada abuela toma por primera vez a su nieto en sus
brazos. Al aumentar tu confort y familiaridad en la zona
espiritual, tu hogar, empezarás a reconocer a otros. Ellos,
a su vez, ya te están reconociendo a ti. ¿No me crees? ¿Estás impaciente? Lleva contigo este libro, hazlo visible, y
ve qué sucede. Ve quién se acerca a ti y qué conversación
se desenvuelve. Te mueves en un mar de compañeros del
viaje espiritual. Créeme. Yo soy sólo uno entre muchos.

Al principio podrías resistirte a hacer contacto. Éste es
el residuo de la soberanía del ego, en la que alguna vez
diste por supuesto que los demás eran riesgosos, aburridos
o indiferentes. Al viajar en el flujo del amor incondicional,
estás a salvo. En la zona espiritual, tu atención y compasión son a tal punto activadas y sintonizadas que todos te
parecerán interesantes. Tu compasiva energía de la zona

espiritual es tan atractiva que nadie será indiferente a ti, si también está despierto. Si aún no ha despertado y te acercas a él con atención y compasión, empezarás a despertarlo. Créeme, todos ansían, y disfrutan, la amorosa energía que ha empezado a emanar de ti.

En la zona espiritual reconocemos nuestra responsabilidad de despertar a los demás. Esto se experimenta como un urgente deseo de compartir. No quieres que tus seres queridos se pierdan la majestuosidad y milagros que se han convertido en tu vida. Éste es un impulso primario del ser humano espiritual. Nos reconocemos en todos los seres. Buscamos unión a través del amor.

Al penetrar en la zona espiritual, sentirás ese deseo crecer dentro de ti. Al mismo tiempo, podrías resistirte; toda una vida pasada en el temor al dolor o al rechazo aún podría tener impacto en ti, así que acercarte a los demás te parece riesgoso. Está bien. Sólo necesitas un poco de práctica.

Busca un compañero de viaje

Así que practiquemos. Quiero que identifiques a un "aliado espiritual" para que sea tu compañero de viaje consciente en la zona espiritual. Podría tratarse de tu pareja, hermano, compañero de trabajo o amigo. Podría ser alguien que inicia contigo una conversación al ver que llevas este libro en el metro. Será alguien con quien puedas decidir conscientemente compartir apoyo mutuo. Si no recibes inmediata claridad sobre la identidad de esta persona, está bien. Relájate y confía en que ya se está dirigiendo a ti. Debes estar listo para dar tu apoyo incondicional a quienquiera que llegue para viajar contigo.

Querer contra tener

Deseo contarte la historia de un cliente que se ha vuelto amigo mío, Alex. Alex tenía poco más de treinta años y había hecho gran cantidad de trabajo espiritual antes de que yo lo conociera: lectura, estudio, yoga, meditación, afirmaciones. Siempre se estaba superando. Aún no conocía el concepto de zona espiritual, pero ya tocaba a su puerta. Había buscado mi ayuda porque se sentía estancado en lo relativo a manifestar la relación, la primaria relación de amor, que quería para él. Había pasado por una serie de relaciones monógamas con diferentes mujeres, las cuales duraron entre un par de meses y cinco años. Usualmente, había dejado esas relaciones porque se sentía espiritualmente insatisfecho. Esto se había prolongado durante doce años. Alex expresó que sabía que estaba destinado a tener una pareja en la vida con la cual casarse y tener hijos, pero que se estaba frustrando y desilusionando, porque parecía tener demasiadas dificultades para encontrarla.

Coincidí con Alex en que tendría una pareja. Podía verlo en esa relación. Lo ayudé a darse cuenta de que la intensidad de su deseo interfería con su cumplimiento. Todo su poder creativo había sido enfocado a ese deseo, al querer, no al resultado final, el tener. Pude confirmarle que su pareja era real, y que también ella lo estaba buscando. Lo alenté a confiar en que ella ya se había puesto en marcha, y en que su perfecta confianza en este hecho sería el faro que la llevaría hasta él. Lo alenté a buscarla interna en vez de externamente, a serenarse y sentir ya su presencia en su vida, a confiar en que ambos habían llegado al acuerdo espiritual de encontrarse y estar juntos, y en que también habían llegado a acuerdos con quienes serían sus hijos. Le aseguré que no era necesario que buscara al azar y erráticamente a esa mujer. Ella ya iba en camino a él.

Le advertí a Alex que tal vez ella no luciría como él esperaba; como dijimos en el capítulo 2, nuestros compañeros en la zona espiritual podrían no seguir el patrón de las personas que antes creíamos que eran nuestro "tipo". Nuestro tipo ya no es designado por nuestros deseos culturales o sexuales, sino más bien por nuestro corazón incondicionalmente amoroso, que ama sin juicio ni prejuicio.

Alex encontró a la mujer que sería su esposa. Se conocieron en un curso de yoga. Él la había observado mucho tiempo durante el curso, atraído por su irradiación. No la había considerado una pareja potencial porque ella parecía muy joven, una adolescente, pensó. Cuando se conocieron "casualmente" en una fiesta una noche, Alex descubrió que en realidad ella tenía veintitrés años. La invitó a cenar y confió en que su amor incondicional dirigiría la relación. Pronto se reconocieron uno a otro. Alex se dio cuenta de que su búsqueda de doce años había sido algo ridícula; ¡había empezado a buscar a su pareja cuando ésta apenas tenía once años! ¿La lección? Confía en que las relaciones tienen su ritmo perfecto y en que los milagros tienen su momento perfecto. Comparto esta historia contigo para recordarte que lo semejante atrae a lo semejante, y que desde luego existe la pareja perfecta para ti.

Tu compañero de viaje

En nuestra práctica inmediata en este capítulo participará el perfecto aliado espiritual que te acompañará mientras avanzas en la zona espiritual. En este momento, en este ejercicio, no buscas una pareja para toda la vida; simplemente buscas un compañero de viaje. Esto es una práctica. En esta práctica aprenderás a confiar en que establecerás la relación indicada y compartirás experiencias en beneficio mutuo.

La relación con tu compañero de viaje puede ser temporal, pero no insignificante. Podría ser la primera relación intencional, conscientemente espiritual que hayas experimentado. Podrías verte viajando con alguien con quien, en la superficie, parecerías no tener nada en común. Debes saber que eso está bien. Esta relación no tiene que ver con tus intereses románticos, sociales, de negocios o intelectuales. Ustedes son compañeros de viaje. Ambos se dirigen a la zona espiritual. Así como todo tipo de personas visitan Italia por todo tipo de razones, también todo tipo de personas viajan a la zona espiritual. Tú has sido atraído a esta zona por todo tipo de razones, pero en última instancia descubrirás que tienes que llegar a ella para ser tu verdadero ser.

Te aliento a buscar un compañero de viaje por dos razones: una, para facilitarles el viaje a ambos, ayudándose con indicaciones y con el equipaje, cuando éste se vuelva muy pesado, y dos, para practicar estar en comunidad, el estado natural en la zona espiritual, donde el aislamiento del ego ha dado paso a la profunda unión entre seres espirituales. Al tratar profundamente con un compañero de viaje, juntos actuarán como si fueran conocidos residentes de mucho tiempo de la zona espiritual (lo que en realidad son).

¿Cómo vas a encontrar a tu compañero de viaje? Esperarás que llegue a tu lado; darás a conocer tus necesidades revelando amplia y casualmente que estás leyendo este libro; responderás a todos los cuestionamientos en forma positiva, amable, sin juzgar.

¿Qué vas a hacer con tu compañero de viaje? A confiar y compartir. Confía en que podrás ser tan abierto como quieras al revelar tus experiencias de viaje. Confía en que tu compañero no te juzgará. Confía en que la compasión, atención y amor impersonal serán la moneda corriente de sus interacciones. Confía en que ésta será la experiencia de tu conciencia superior al avanzar en una relación intencional con otra persona. Compártete libre y honestamente. Revela tus sentimientos y vulnerabilidades. Comparte tus preocupaciones y preguntas sobre lo que experimentas. Comparte tus temores para que puedan disolverse en la consoladora tranquilidad del amor incondicional.

Si las cosas les parecen confusas al principio, lean juntos este libro. Acérquense a esta relación como si hubieran anunciado en el periódico que buscaban un compañero de viaje a Italia. Hablen de sus expectativas, sus particulares intereses y preocupaciones. Justo como si buscaran un compañero de viaje a Italia, vean esta relación como poseedora de un propósito particular y un marco temporal particular. No debe resentir la presión de tener que complacer todos los aspectos de su vida por tiempo indefinido. Si les ayuda a sentirse más cómodos, fijen algunos límites. Por ejemplo, decidan reunirse dos horas a la semana durante dos meses, y después revalúen.

Bueno, basta de hablar. Empecemos. Es momento de que experimentes profundamente en tu alma que no estás solo. Estoy ansioso de que conozcas la dicha de esta realidad.

EJERCICIOS

Escribe respuestas a las siguientes preguntas en tu diario o cuaderno, donde puedas volver a ellas y añadir nuevos discernimientos mientras te abres paso por la misión de este capítulo. Esas respuestas te ayudarán a conocerte mejor, y será tu auténtico ser el que participe en la relación temporal con tu compañero de viaje en la zona espiritual.

1. Escribe cómo te gustaría ser tratado por la gente con la que entras en contacto en la vida.
2. Observa y enumera los tipos de amigos que te gustaría tener.
3. Haz una lista de las cualidades que te gustarían en un amigo.
4. Enlista los nombres de las personas presentes en tu vida que sientes que están deprimidas y tristes y son poco apreciadas.
5. ¿Qué piensas que les falta en primer término?
6. Enlista las cualidades ideales que te gustarían en tus relaciones en todas las áreas de la vida.
7. ¿De qué formas te distancias de los demás?
8. Enlista diez maneras en que reconoces, amas e inspiras a los demás.
9. Comparte tus verdaderos sentimientos. Di: Siento

   _____ .
10. ¿Qué te detiene?
11. ¿A quién no puedes decirle la verdad?
12. ¿Cómo reaccionará si le dices la verdad?
13. Pregúntate: "¿En qué no estoy dispuesto o temo buscar la verdad y decirla?"
14. Haz una lista de todas las bendiciones que has recibido.

🍂 AFIRMACIONES 🍂

Con frecuencia recuérdate verbalmente y por escrito que:

1. Soy una persona amorosa y amable.
2. Tengo pasión y vivacidad en todas mis relaciones.
3. Digo sólo los mejores pensamientos sobre todos y todo.
4. Uso mis potentes palabras para inspirar magnificencia en los demás.
5. Comparto y comunico mis verdaderos sentimientos con todos.
6. Sólo atraigo a personas que tienen una visión similar a la mía y respaldan mi grandeza.
7. Todas mis amistades respaldan mi visión espiritual.
8. Estoy agradecido y aprecio todas mis bendiciones.
9. Busco lo bueno en cada persona.
10. Tengo completa armonía en todas mis experiencias.
11. ¡Mi vida es grandiosa!

6
Reprográmate para cambiar antiguos patrones

Imagina otra vez que te diriges a Roma. Tu vuelo de primera clase acaba de despegar y estás perfectamente cómodo. Carlo, tu elegante aeromozo italiano, acaba de disponer tu almohada y llevarte un Cinzano. Has puesto todas tus provisiones de viaje a tu alcance, convirtiendo tu amplio asiento de piel de primera clase en un nido acogedor. Tienes la agradable, sensacional conciencia de que vives tus vacaciones de fantasía. Ya te has nivelado a la altitud de viaje y te dispones a conocer a tu compañero de viaje sentado junto a ti. Él tiene un porte grato e invitador, y empieza a hacerte corteses preguntas sobre ti mismo.

De repente te das cuenta de que tienes un amplio margen de decisión en tus respuestas. Éstas son tus vacaciones de fantasía; puedes ser como quieras. Tal vez hace unos días eras un ama de casa mortalmente aburrida que engordaba a causa de tantas papas fritas, o un vendedor de autos sin clientes, o una actriz en decadencia. Tal vez eras un preocupón, una persona depresiva o una maniática crónica de las disculpas que sabía que sus disculpas fastidian a su esposo y a su hijo adolescente y a la mayoría de sus viejas amigas, pero que de cualquier forma se compadece tanto de sí misma que no puede evitar sus obsesivas disculpas.

Te das cuenta de que nada de eso importa ya. Ahora estás sentado en primera clase de Alitalia, con las piernas extendidas y los pies relajados sobre un descanso plegadizo dentro de tus nuevas pantuflas afelpadas de tela de toalla, cortesía de Carlo. Tu Cinzano empieza a saberte familiar. Puedes ser quien tú quieras. ¿Le contestarás a tu compañero de asiento con información sobre tu triste pasado... o aprovecharás la oportunidad de crear la vida que quieres ahora mismo? Puedes seguir siendo el vendedor de mala muerte, o puedes ser el viajero internacional movido por su curiosidad por Miguel Ángel. Ambos son verídicos. La decisión es tuya.

¿Quién quieres ser?

En la zona espiritual somos despertados a la comprensión de que en cada instante de nuestra vida tomamos una decisión. Toda nuestra vida es un acto creativo. Si estamos dormidos en el timón de nuestra vida, cumplimos nuestra decisión de estar dormidos. La intención y prácticas de este libro han perseguido despertarte al reconocimiento de que tienes que tomar una decisión en cada instante de tu vida. Cuando vamos como sonámbulos por la vida, tendemos a tomar las mismas decisiones una y otra vez. Se desarrollan así hábitos y patrones, y nos hacemos creer erróneamente que estamos sujetos a ellos, como si fuéramos ellos. La realidad es que los hemos *elegido*.

Sin importar dónde o cómo vivamos, somos los creadores de nuestra propia vida. En la zona espiritual la diferencia crítica es que somos los creadores *conscientes* de nuestra propia vida. Ponemos atención e intención y pensamiento correcto en las miles de instantáneas decisiones que tomamos cada día. Al final, nuestro día es el compuesto de todas esas decisiones. En nuestro pasivo estado durmiente anterior a la zona espiritual, en realidad no sabíamos cómo llegábamos del punto A al punto B; esto parecía ser simplemente algo que nos había sucedido. Lo llamábamos suerte o destino; nos sentíamos afortunados o victimados, dependiendo del hecho. Ahora, en la elevada conciencia de la zona espiritual, reconocemos que ésa era una ilusión de nuestra somnolencia.

Vivíamos en un error. Ahora estamos despiertos a ese hecho. Así que, ¿nos vamos a abatir por esos años perdidos? No; simplemente perdonémonos. En el estado anterior a la zona espiritual, no sabíamos que las cosas no eran de ese modo. Ahora sí. Corrijamos nuestros errores y olvidemos el pasado. Después de todo, él nos trajo adonde estamos ahora.

Los errores como herramientas de aprendizaje

Es fácil ver los errores de los demás. Como padres, vemos a nuestros hijos cometer un error tras otro; los padres prudentes reconocen que es así como los hijos aprenden. Dejemos que nuestros hijos cometan sus propios errores, cuidando siempre de su seguridad, desde luego. Si intervenimos antes de que tengan la oportunidad de actuar por sí solos, recibirán el mensaje de que no confiamos en su capacidad de decidir. Perderán seguridad en sí mismos y en sus decisiones. Los padres que hacen esto —y muchos padres lo hacen— quizá actúen en lo que creen el mejor interés de sus hijos, pero cometen un error. Los padres controladores y sobreprotectores despojan a sus hijos en la niñez de su capacidad de decidir y su seguridad en sí mismos. Los hijos crecen experimentando restricción, sintiéndose frustrados, enojados, profundamente confundidos y separados de su innata libertad para tomar las decisiones que crean su propia vida. Han sido separados de su poder personal.

Una pareja se presentó a verme con la esperanza de recibir algún discernimiento espiritual sobre su hija de ocho años, Cissy, quien tenía muchas dificultades en la escuela, socialmente con otros niños y en el salón de clases y que también se expresaban en un continuo desafío a su maestra. Los padres estaban perturbados. Explicaron que habían hecho cambios en su vida y que la madre había reducido el tiempo que dedicaba a su profesión para estar realmente a disposición de su hija durante sus primeros años. Habían hecho sacrificios para inscribirla en la mejor escuela privada del área. Destinaban a la escuela incontables horas de trabajo voluntario; entre los dos se ocupaban de limpiar el patio todos los días de la semana. Compraban sólo lo mejor de todo para Cissy. Estaban haciendo un gran esfuerzo para ser padres perfectos.

Sin duda que las intenciones de esa pareja eran buenas y desinteresadas. Desafortunadamente, sin embargo, estos individuos estaban equivocados acerca de cómo ser buenos padres. Sus constantes intervenciones en los ocho años de vida de Cissy habían impedido que ésta desarrollara su capacidad de tomar sus propias decisiones. Ni siquiera podía jugar con sus compañeros en el recreo sin la supervisión e intervención de sus padres. Ellos creían ser desinteresados en su paternidad; de hecho eran dictadores. Habían eclipsado la libertad de Cissy en cada oportunidad de decisión, diciéndole cómo vestirse, cómo comportarse, con quién jugar ¡e incluso cómo jugar! Cissy se sentía restringida por las decisiones que sus padres tomaban en su nombre. Las acciones de sus padres no le parecían amorosas y cooperativas; por el contrario, Cissy sentía que no confiaban en ella ni creían en su capacidad para tomar decisiones correctas por sí sola. Estaba terriblemente confundida. Ellos le decían que la querían y, como todos los niños, Cissy decidió creer eso con cada fibra de su ser. Pero no experimentaba la conducta de sus padres como amorosa; era más bien una conducta de desconfianza que le restaba valor. El resultado era que Cissy se sentía confundida y asfixiada. Necesitaba rebelarse contra esas sofocantes restricciones. Como cualquier niña de ocho años, no pondría en riesgo el amor de sus padres, así que decidió rebelarse contra su maestra y sus compañeros.

Está costando mucho trabajo que los bienintencionados padres de Cissy reprogramen las complejas ilusiones que construyeron en torno a su paternidad. Se habían visto a sí mismos como padres ideales y abnegados, cuando en realidad le habían robado a su hija su libertad. Lo esperanzador es que ahora comprenden que cometieron errores y reconocen que tienen el poder de corregirlos a través del perdón y la atenta paternidad en cada instante presente.

Decidí compartir esta historia contigo porque cada uno de nosotros fue asfixiado de algún modo por sus padres al crecer. Algunos sufrimos abusos de padres insanos (que muy probablemente también los habían sufrido a su vez), pero un porcentaje mucho mayor sufrimos a causa de las bienintencionadas acciones de padres que pensaban que hacían lo mejor. La gran mayoría de ellos estaban parcialmente dormidos, pues no sabían que podían tomar decisiones más conscientes, inmediatamente relevantes, en cada instante de su paternidad. Muy probablemente, habían aceptado una vaga y amplia imagen de la "buena paternidad", y luego habían sometido sus futuras decisiones de paternidad a esa preprogramación.

¡La raza humana no puede permitirse seguir haciendo eso! La paternidad inconsciente deriva en hijos inconscientes, quienes se convierten en adultos inconscientes que eligen a líderes inconscientes o manipuladores que agravan, antes que sanar, el sufrimiento del mundo. Debemos educar a nuestros hijos en la zona espiritual, y la única —y segura— manera de hacerlo es cerciorarnos de vivir nosotros mismos en la zona espiritual. En la conciencia elevada de esa zona podemos perdonar y sanar nuestro pasado, y mejorar drásticamente nuestra influencia en el mundo mientras avanzamos en la vida con atención e intencionalidad. Entre más despiertos estemos, más información tendremos para tomar en todo momento las decisiones conscientes correctas para nosotros.

Sana errores para incrementar el flujo

En el capítulo 3 estudiamos el perdón como instrumento para corregir nuestros errores pasados y restablecer la redención. El perdón es una práctica para toda la vida; a causa de que somos humanos imperfectos, seguiremos cometiendo errores. Es así como aprendemos. Al penetrar en la zona espiritual, sin embargo, cometeremos cada vez menos errores, porque pondremos más conciencia en cada una de nuestras decisiones a lo largo del camino. Esta elevada atención también nos permitirá reconocer más pronto nuestros errores, para que se conviertan en pequeños tropiezos y no en considerables desviaciones en el viaje de nuestra vida.

Entre más podamos reconocer nuestros errores, y entre más conciencia podamos poner en la multitud de decisiones que componen nuestra vida, más sentiremos a lo largo de ésta que vivimos en el flujo espiritual. Empecemos por reconocer una más profunda conexión con quienes pertenecen a nuestro círculo íntimo, y una impersonal conexión del corazón con toda la vida. Aumentará así nuestra capacidad de simpatía, empatía y compasión, para con nosotros tanto como para con toda la vida. Permitámonos sentir el inherente valor que como individuos aportamos a toda la vida; gradualmente terminaremos por darnos cuenta y apreciar que nadie puede hacer lo que nosotros hacemos, nadie puede contribuir con lo que nosotros contribuimos y nadie puede amar como nosotros amamos. Somos manifestaciones únicas en el Espíritu Universal.

Amplía tu concepto de ti mismo

Al ampliar nuestro concepto de nosotros mismos del de pequeños individuos rechazados, aislados e inconscientes al de seres espirituales intencionales, únicos y compasivos dentro de un intencional Universo espiritual, aumentará nuestra capacidad y nuestra autoestima crecerá. Ésta no es gratificación del ego, en la que nos celebramos en relación con nuestros juicios sobre los demás. Más bien, empezamos a vernos como parte integral del todo interconectado de la vida. Nos sentimos profundamente honrados por la oportunidad de participar. Reconocemos que hemos llegado con una precisa y única combinación de habilidades, dones y experiencias para abordar el destino de nuestra vida con sincera intención. No nos medimos en comparación con los demás; de hecho, no nos medimos en absoluto. Nuestras facultades de discriminación aumentan, pero nuestra propensión al juicio crítico se disuelve. Nadamos en el flujo de la conciencia.

Esta sanada imagen de nosotros mismos trae consigo una tremenda curación de nuestra autoestima. Al vivir en la zona espiritual, realmente nos experimentamos como fuentes del espíritu universal. Sentimos que tenemos acceso a tremendas capacidades. En este flujo, nuestra conciencia ampliada nos permite un más profundo conocimiento intuitivo. Nos volvemos cada vez más sensibles a los demás mediante el reino de los sentimientos. Nuestros antiguos juicios sobre nosotros y los demás se desvanecen hasta la irrelevancia. La profunda confianza que llega con esta honda conexión satisface nuestras necesidades de seguridad. Al vivir consciente e intencionalmente centrados en nuestro corazón, alineamos nuestro impulso sexual con auténticas expresiones de amor. Accedemos a nuestro amplificado poder personal para satisfacer nuestras propias necesidades, pero también para buenas obras impersonales. Al perdonar errores pasados y tomar decisiones atentas en cada instante de nuestra vida presente, nos vemos transformados en seres poderosos, vivientes y pródigos.

Conforme despertamos más y más en la zona espiritual, nos vemos cambiar para alinear nuestra nueva conciencia. Las suposiciones que hemos hecho sobre nosotros o nuestras relaciones u otros aspectos de nuestra vida —a veces suposiciones muy largamente sostenidas— podrían ya no parecerle apropiadas a nuestro recién despierto ser. Al igual que el traje de poliéster que desechamos en el capítulo 2, nos veremos rechazando identidades anticuadas y liberándonos de circunstancias y relaciones que ya no resuenan con nuestro despierto ser contemporáneo en la zona espiritual.

Ramificaciones del cambio

Un hombre al que llamaré James asistió a uno de mis seminarios. Acababa de cumplir cincuenta años y había realizado trabajo interior durante cierto tiempo. Al celebrar su cumpleaños, James se dio cuenta de que muy probablemente ya había vivido la mitad de su vida. Lamentó no haberla vivido totalmente despierto. Ya no había tiempo para reticencias y cohibiciones. Sintió una repentina urgencia de vivir el resto de su vida lo más despierto que pudiera y exactamente como quería. A la luz de esto, había empezado a implementar cambios en su vida, reprogramándose a sí mismo y sus relaciones en reflejo de sus presentes necesidades y deseos. Experimentó esto como un hecho vigorizador; alentaba nueva vida en todas sus actividades y compromisos. Era un arquitecto autoempleado, y decidió que en su trabajo sólo haría lo que le gustaba y para lo que era bueno, y que delegaría el resto.

Esto causó cierto revuelo en su empresa, pero, pasada la agitación, James vio que la reorganización echaba raíces; era más feliz y más efectivo en su tiempo de trabajo, y esto empezaba a tener un positivo efecto en su personal y sus clientes. Experimentó que su nueva claridad le atraía clientes, quienes también eran más claros. Su trabajo se volvió más satisfactorio y más interesante. Yo le señalé que ésa es la experiencia de vivir en el flujo de la zona espiritual; mientras que, antes, nuestra confusión atraía confusión, en la zona espiritual, nuestra claridad atrae claridad. Como único propietario en la dirección de su pequeña empresa, James solía sentirse aislado en su trabajo. Ahora empezaba a sentir una general conexión con los demás: empleados, colegas y clientes por igual. Los veía ya como un equipo que trabajaba en beneficio de una visión común. Sus relaciones con los demás se profundizaron; descubrió que se interesaba más en la vida e inquietudes y preocupaciones de sus colaboradores. Había empezado a relacionarse con ellos como seres humanos igual que él en la zona espiritual, ya no como miembros del personal.

Lleno de seguridad por los cambios que había hecho en su empresa, James también empezó a reprogramar sus relaciones familiares, a fin de poner al día antiguos patrones para ajustarlos mejor a su visión despierta de su vida. Seguro de que daría más verdad, claridad y bondad a su dinámica familiar, avanzó ansiosamente, esperando que su esposa y sus dos hijos adolescentes saltaran a bordo simplemente porque él sabía que eso era lo correcto. Ahí fue donde James se metió en problemas. Actuaba con base en su anterior experiencia de la zona espiritual, sin haber despertado realmente, ni desarrollado la necesaria compasión para manejar en forma responsable todas las repercusiones humanas de sus actos. De hecho, sólo estaba medio despierto. Las acciones unilaterales que habían sido tan efectivas en su empresa de propietario único causaron estragos en la comunidad de su familia. Su esposa se sintió insegura, temiendo que sería abandonada en medio del nuevo celo de su esposo por recrear su propia vida. Sus hijos, habiendo vivido siempre en un ambiente familiar estable y relativamente predecible, estaban confundidos por los súbitos cambios que su padre estaba realizando en la vida de ellos.

Al trabajar con James, lo ayudé a comprender que la responsabilidad iba de la mano de los grandes cambios que intentaba hacer en su vida. Tenía que despertar todas las capacidades que habrían de ayudarle exitosamente a manifestar la nueva visión que tenía para su vida. Entre ellas destacaba en ese momento la necesidad de la profunda compasión que le permitiría sentir con genuina conciencia su efecto en los demás, particularmente en su esposa y sus hijos.

Cuando nos reprogramamos para alinearnos con la zona espiritual, es crítico llevar con nosotros nuestra elevada conciencia del impacto que tenemos en nuestra vida. Para entender la forma en que James se interconecta con su esposa y sus hijos, piensa en un rompecabezas tridimensional. Cada persona se conecta con otra de incontables maneras, y cada conexión entre dos miembros de la familia afecta a los otros dos miembros. Cuando James empieza a reprogramar su vida, las partes de sí mismo que encajan en la vida de los miembros de su familia cambian de forma, pues algunas aumentan de tamaño, otras desaparecen y otras más empiezan a emerger.

James había dado por sentado cómo se interrelacionaba con su familia inmediata. Pero cada cambio interno trastornó el orden imperante externo, algo que James no había previsto. Su esposa estaba súbitamente alarmada de que la reevaluación que James hacía de su vida no dejara lugar para ella. Sus hijos, como adolescentes, sólo querían saber qué podían esperar de su papá.

Un nuevo equilibrio

Los estragos que el despertar de James causó casi bastaron para hacerlo volver al antiguo equilibrio. Sintió la angustia que sus cambios habían causado en su esposa y sus hijos, y quiso anular esa angustia. Fue entonces cuando entramos en contacto. Asesoré a James para que aprendiera a mantenerse fiel a su ser en pleno despertar. Debía confiar en que ser leal a sí mismo sólo sería bueno para su familia. Ahora bien, "bueno" no es lo mismo que "fácil". Todos llegamos a veces a familiarizarnos tanto con nuestras disfunciones que sanarlas nos parece mucho más trabajoso que conservarlas. Sin embargo, una vez que despertamos al reconocimiento de nuestras disfunciones, debemos sanarlas. No tenemos otra opción. Nuestras disfunciones le parecerán inapropiadas a nuestra conciencia elevada, y no auténticamente nuestras, y considerará más trabajoso a la larga conservarlas que cambiarlas. Cada quien aborda los necesarios cambios a su propio ritmo; pero una vez que los hemos identificado como necesarios, deben ser abordados, para que podamos experimentar que nuestra vida está en equilibrio.

Cambiar patrones antiguos exige valor. Esto es lo que James comprendió. Tendría que atreverse a trastornar el orden imperante en su familia para ser fiel a sí mismo. ¡Esto no es malo! Es la zona espiritual trabajando a través de nosotros, fluyendo de nosotros a nuestros seres queridos en los puntos de nuestras piezas de rompecabezas en los que nos interconectamos con ellos. En sus mayores capacidades, James se percató de que tenía que avanzar, pero de que podía hacerlo con un nuevo nivel de amor y compasión por las dificultades que estaba ocasionando en su familia.

Cuando entramos a la zona espiritual, despertamos a la comprensión de que podemos tener todo lo que deseamos en la vida. Sabemos que lo merecemos. Tenemos una responsabilidad con nosotros mismos de vivir nuestra verdad, perdonar los errores que hayamos cometido en el pasado y reprogramarnos para cambiar nuestros antiguos patrones. Es probable que esto tenga ramificaciones que se esparzan en nuestra vida, en nuestra familia y amigos y colegas y ambientes de trabajo. Todo esto está bien. Simplemente debemos extender la ampliada compasión que acompaña a nuestra conciencia elevada hasta todos aquellos que comparten nuestra vida. Estableceremos un nuevo equilibrio en un más alto, más consciente nivel de la zona espiritual; al reprogramarnos, también elevaremos a aquellos que comparten nuestra vida. Como hemos aprendido de la historia de James, esto no suele ser fácil para los demás involucrados. Al cambiar, sacudimos los constructos familiares del orden imperante que representamos en la vida de los demás. Ésta es nuestra oportunidad de decir nuestra verdad con amor y compasión, y de introducir a los demás en los maravillosos cambios que la zona espiritual nos ofrece a todos.

EJERCICIOS

Contempla las siguientes preguntas y contéstalas en un diario o cuaderno. Te asistirán en el proceso de liberarte de antiguos patrones y reprogramar tu vida.

1. Nota las ocasiones en que no estás dispuesto a correr un riesgo. ¿Cómo te sientes?
2. ¿Qué implica ese riesgo?
3. ¿Qué crees que perderás?
4. ¿Qué crees que ganarás?
5. ¿Te sientes culpable cuando corres un riesgo?
6. ¿Temes perder algo si corres un riesgo?
7. ¿Qué temes perder?
8. ¿Te confías a ti mismo la responsabilidad sobre tu vida?
9. ¿Puedes tomar las decisiones correctas en tu vida?
10. ¿Cuáles son esas decisiones?
11. ¿Cuentas y confías en ti mismo?
12. ¿Crees que te falta algo?
13. ¿Qué?

14. Examina todos los fracasos que crees que has tenido.
    Escríbelos. ¿Qué significan para ti?
15. Ahora perdona todos esos fracasos.
16. Escribe: "Me perdono".
17. Di en voz alta: "Me perdono".

❧ AFIRMACIONES ❧

Con frecuencia recuérdate verbalmente y por escrito
que:

1. Ahora confío en mis sentimientos.
2. Uso mi intuición para obtener una guía perfecta.
3. Amplío diariamente mi zona de confort.
4. No temo a la vida.
5. Tengo dignidad en mi vida.
6. Confío en mí mismo y en todos los demás.
7. Confío en toda mi riqueza externa.
8. Me amo.
9. Me libero con paz y amor.
10. Permito que todos me amen y apoyen.

Parte tres

Cómo manifestarte en la zona espiritual

7
Conócete como creador

En los seis capítulos anteriores exploramos cómo llegar a la zona espiritual y cómo permanecer en ella una vez que hemos llegado ahí. Ahora que estás en ella para quedarte, ¿qué quieres manifestar para ti mismo y el mundo? ¿Quieres un nuevo empleo? ¿Un romance? ¿Una pareja para toda la vida? ¿Prosperidad? ¿Ilimitada riqueza? ¿La paz mundial? ¿El fin del hambre en el mundo?

Al vivir en la zona espiritual, estás conscientemente conectado con la fuente universal. Has aprendido que el pensamiento es creativo. Estás aprendiendo a estar consciente de las decisiones que tomas en cada instante de tu vida. Se desarrollan tu compasión, empatía y simpatía por todos los seres vivos. Te estás convirtiendo en un ciudadano plenamente funcional de la zona espiritual. Ahora es momento de que uses los recursos de esa zona a tu disposición para crear la vida que quieres.

¿Qué quieres crear para ti en la zona espiritual? Piensa en hoy —y cada día— como el primer día de tu nueva vida. Pon tu atención exactamente donde te encuentras como punto de partida y determina tu resultado final, el lugar en el que has decidido que estarás. Sé específico. Recuerda, cuando vas a un restaurante no dices simplemente: "Déme de comer". No, ordenas un sándwich de atún con pan integral, lechuga, jitomate y sin pepinillos. Si te llevan un queso fundido, lo devuelves, ¿no es así? Tienes que mantener tu intención en lo que has ordenado. Algunas personas podrían decidir: "Bueno, un queso fundido estará bien; no quiero molestar al mesero. Creo que me lo comeré". ¡Éste es un desleal error en la vida! Debes apegarte a tu compromiso con tu resultado final; de lo contrario, vagarás sin rumbo en la vida, sin alcanzar nunca la satisfacción de crear lo que quieres para ti.

Como seres humanos, somos inherentemente creadores. Mira nuestro mundo y lo que hemos creado: para bien o para mal, en todas partes a nuestro alrededor está el tremendo impacto de nuestra creatividad. En nuestra atención creamos bello arte y arquitectura: mira a Caravaggio; mira la cúpula de la catedral de San Pedro. También creamos contaminación, pobreza, guerra, enfermedad y sufrimiento. Éstos son los efectos de la no atención, creaciones que suceden fuera de la zona espiritual. Reconocerás que tu vida es impactada por todo tipo de creaciones irreflexivas, muchas de las cuales creaste tú mismo antes de despertar a tu conciencia. Obsérvalas. Observa el posible lío en tu chequera y en tu vida financiera. Observa cómo tal vez te has contentado con un empleo insatisfactorio. Observa que tu cuerpo quizá sea obeso o débil o adicto, o está cansado todo el tiempo. Observa si estás solo o sexualmente insatisfecho. Reconoce —con una enorme dosis de perdón— que todas ésas son cosas que creaste inconscientemente tú mismo.

Ahora cámbialas. Los seres humanos somos inherentemente creativos. Somos manifestaciones físicas de la fuente universal, encarnadas aquí en el planeta Tierra para experimentar la realidad física y manifestarse en el plano físico. Tú hiciste un contrato contigo para llegar aquí y participar plenamente en la creación. Ahora has despertado a la realidad de que debes tomar una decisión en cada instante de tu vida; tu decisión es si crear intencionalmente a partir de una conciencia atenta o crear inconscientemente a partir de hábitos adormecidos o de un antiguo adoctrinamiento.

Un paso a la vez

Eres una fuente de la energía universal, y puedes encauzar su flujo en la dirección que elijas. Así que, ¿qué vas a decidir para ti? El primer paso es priorizar tus metas. ¡Sé específico! ¿Cuántas veces has pensado: "Voy a escribir ese libro", o "Voy a bajar de peso", o "Voy a poner un nuevo negocio", o a conseguir más clientes o a conseguir una salud perfecta o a mejorar tus relaciones? Todas éstas son metas nobles por cumplir, pero, por alguna razón, quizá te hayas desviado a lo largo del camino. Si decidieras ir a Roma en automóvil, sencillamente no te subirías al coche y empezarías a manejar, ¿verdad? No; consultarías un mapa, planearías varias escalas a lo largo del camino. Siempre te dirigirías a Roma; pero harías el viaje segmento a segmento. Los pequeños pasos que conducen a tu resultado final son críticos para mantenerte encarrilado. De lo contrario, muy fácilmente podrías dar una vuelta equivocada, distraerte por completo y olvidar a dónde te diriges en primera instancia. Así que debes ser tan claro como el cristal acerca de tu resultado final, e igualmente claro acerca de los pasos secuenciales que vas a dar para llegar allá.

¿Quieres una salud perfecta? Entonces debes decirte: "SOY la salud perfecta". Al identificarte con tu resultado final, no te distraes con el "querer", que tiene el efecto de separarte de tu resultado final. Imagina lo que significa "Quiero una salud perfecta": que tú estás aquí y la salud perfecta allá, y hay un mar de distracción entre ustedes. Cuando dices: "SOY la salud perfecta", no hay separación. La energía de la salud perfecta está contigo de inmediato y crea salud perfecta en tu cuerpo al instante. De esta manera, la fuente está contigo. La separación de la fuente es una ilusión en la que ya no creemos en la zona espiritual.

Así que has establecido "SOY la salud perfecta" como tu resultado final. Ahora examina tu mapa. ¿Estás haciendo todo lo que está en tu poder para crear perfecta salud? ¿Cada acción que realizas con impacto en tu salud está en línea con tu deseado resultado final? ¿Pasas tu tiempo en compañía de personas cooperativas, sanas? ¿Haces ejercicio? ¿Meditas? ¿Consumes alimentos vivos, que te sustentan? ¿Evitas alimentos muertos, procesados? ¿Comes conscientemente para mantener una salud perfecta? (Esto te impediría comer por consuelo emocional, común hábito inconsciente que es una vuelta equivocada para muchos que batallan con su salud.) Debes mantener la vista en el premio de tu resultado final, y considerar atentamente cada pequeño paso a lo largo del camino para cerciorarte de que te diriges a tu objetivo.

Sé específico

Entre más específico seas al establecer tu resultado final, más pronto se manifestará éste en tu vida. Muy a menudo, en mis seminarios pregunto a la gente qué quiere crear. Una respuesta común es: "Quiero crear una nueva empresa". ¡Demasiado general! Es como decir que quieres ir a Italia de vacaciones. ¡No puedes comprar un boleto de avión a Italia! Tienes que ser específico: ¿quieres volar a Roma o a Milán o a Venecia? Asesoro a la persona que quiere crear una empresa para que sea muy específica: "Ya tengo una compañía mundial que crea popular ropa deportiva para mujeres", o "Ya tengo una muy exitosa galería de arte en Soho, Manhattan".

Sé perfectamente claro

Cuando trabajo con personas para ayudarlas a formular y aclarar su resultado final, noto que frecuentemente permiten que el temor y la duda las desvíen: "Sé que me gustaría tener una galería, pero ¿dónde voy a conseguir el dinero?" Esta pregunta está fuera de lugar. *El dinero llegará cuanto tú tengas claro tu resultado final.* El Universo siempre apoya tus intenciones, seas claro o no; cuando eres claro sobre tu resultado final, éste se te brinda con claridad; si eres vago o confuso, una vaga confusión es lo que crearás. Imagina un resultado final perfectamente claro y articulado; tu intención crea un conducto de energía entre tú, como creador, y tu resultado final. La energía es provista por la fuente universal, siempre pendiente, a la espera de nuestras órdenes sobre dónde suministrar energía.

Qué, no cómo

Cuando nos ocupamos del "cómo" de la creación en vez del "qué", interferimos con el flujo universal. Somos comparables a la realeza en que, como hijos del Universo, tenemos derecho a todos sus preciosos bienes y recursos. Debemos aprender a considerarnos dignos de nuestros deseos como lo sería un miembro de la familia real. Un rey no se preocupa de cómo hacer las cosas; simplemente da su orden y espera que sea ejecutada. Ésta es la forma más efectiva de alcanzar los resultados que deseamos. Al microdirigir el cómo, impedimos que entre en juego un infinito número de oportunidades desconocidas.

Tengo un cliente llamado Jackson. Jackson era un vendedor de bienes raíces de alta calidad, pero su negocio no fluía. Se acercó a mí porque estaba frustrado de no tener éxito para atraer clientes o cerrar un negocio. Le pregunté si le gustaba su trabajo y dijo que no. Así que le pregunté qué le gustaría hacer si pudiera ejercer cualquier oficio del mundo. Respondió que le gustaría trabajar en el deporte, que le fascinaban todos los deportes y que sabía mucho sobre el tema. Lo asesoré para que fuera más específico: ¿quería practicar deportes? ¿Quería administrar un equipo deportivo? ¿Quería ser reportero de deportes? Jackson no tuvo que pensar mucho para decirme que quería trabajar cubriendo los deportes en la televisión. Al sólo hablar de esa fantasía, la energía de Jackson cambió drásticamente; el agente de bienes raíces que había llegado a mi oficina estaba cansado y sin vida, pero este hombre que hablaba de su carrera en los deportes estaba lleno de energía y entusiasmo.

Le enseñé a Jackson a identificar su resultado final, y para que "actuara como si" le propuse un reto específico: si tuviera una entrevista de trabajo en una de las grandes televisoras deportivas a fines de esa semana, ¿qué haría para prepararse? Me dijo que el hockey era su punto débil, y que empezaría leyendo sobre los LA Kings. Lo alenté a hacerlo y a mantener su atención en su resultado final, confiando en que el Universo tendería el puente desde donde él estaba a donde quería estar.

Jackson salió de mi oficina y se encaminó directamente a una gran librería. Le preguntó a la empleada si tenían libros sobre los LA Kings. Ella lo llevó al anaquel indicado y entabló con él una conversación sobre hockey y deportes en general. Jackson estaba muy emocionado ante la perspectiva de su nueva carrera, y su entusiasmo salió a relucir en esa casual conversación. Minutos después, una mujer se acercó a él desde los anaqueles de enfrente. Le dijo que no había podido evitar oír su conversación. Añadió que su esposo trabajaba en una televisora deportiva y que le gustaría presentarlos. Le dio su tarjeta.

Jackson me llamó esa tarde para decirme que había concertado una entrevista con ese individuo. Le aconsejé que siguiera "actuando como si" —como si ya tuviera el empleo—, porque necesitaría ese tipo de seguridad en la entrevista. Decidió imaginar que trabajaba para una red de la costa este, a fin de poder llevar a su entrevista la energía de la experiencia y el éxito. Se entendió de inmediato con el ejecutivo; hablaron de deportes —lo que más le gustaba hacer— todo el tiempo, y al final, aquel hombre le ofreció un empleo. Jackson se mostró incrédulo y extasiado. Ahora bien, tal vez no siempre las cosas fructifiquen tan rápido como le ocurrió a Jackson; pero si tú te comprometes con tu resultado final, si das conscientemente todos los pasos que conducen a ese resultado final, manteniendo tu atención en lo que quieres y dejando al Universo deducir el cómo, por supuesto que crearás lo que quieres en la vida.

Concentra tu poder

Eres tremendamente poderoso. Debes tener cuidado de no ceder tu poder a los temores y las dudas. Cuando lo haces, tu tremendo poder alimenta a todas las cosas negativas a las que concedes atención mediante tu preocupación e inquietud. La energía universal es de valor neutral. Podría serte útil concebir esta energía como combustible. Fluye adonde tú la dirijas. Puede fluir tan diligentemente hacia tu resultado final de la muy exitosa galería del SoHo como hacia el constructo de creencias de que no tienes suficiente dinero para hacer realidad esa galería. Si te es difícil creer esto, es simplemente porque sigues siendo nuevo en la zona espiritual. Entre más vivas en ella y confíes en que eres un creador plenamente participante, importante y único cuya función es dirigir el flujo de la energía universal, más experiencias exitosas tendrás para construir tu nueva perspectiva de la realidad.

Es vitalmente importante que confíes en ti y en tus deseos. Eres un ser espiritual creativo encarnado hoy en la Tierra para experimentar tu manifestación en la realidad física. Si aún no puedes creer esto acera de ti, créeme a mí entonces: yo lo sé. Todos tus atentos y conscientes deseos son dignos de confianza. Las cosas que te sientes atraído a tener y crear están alineadas con la fuente universal; es tu misión particular manifestarlas aquí y ahora en la Tierra. Si descubres temor o duda en ti, si sientes que manifiestas negatividad —problemas financieros, mala salud, insatisfacción en tus relaciones—, reconoce que debes volver a sintonizar con la fuente universal. El Universo siempre te da lo que necesitas. Si confías en esto el cinco por ciento de las veces, verás cinco por ciento de resultados. Si confías en esto cien por ciento recibirás cien por ciento de resultados.

Tengo un chiste para ti: una mujer tenía una horrible pesadilla en la que era perseguida por un monstruo aterrador. Éste era enorme, de piel verde, peludo, viscoso y estridente. Le pisaba los talones mientras ella corría por su casa buscando un lugar para esconderse. Finalmente él logró acorralarla en la sala. Mientras se inclinaba sobre ella, bufando y babeando, ella gritó de pánico: "¿Qué me vas a hacer ahora?" El monstruo contestó: "¿Cómo podría saberlo, señora? El sueño es de usted".

Toda nuestra vida es nuestra propia creación. Llegamos a esta vida nobles y puros, pero a lo largo del camino aceptamos la negatividad de alguien que dice que no somos suficientemente listos o suficientemente bellos o suficientemente capaces, que no hacemos lo correcto ni vamos a las escuelas correctas. Todas esas vocecitas se unen para convertirse en un monstruo que nos persigue por la casa rugiendo en nuestros oídos. Ahora es momento de decidir que podemos optar entre escuchar o no esa cháchara, asumir la responsabilidad de haber creado esa cháchara en nuestra vida. Si optamos por validar esa cháchara, elegiremos el drama sobre la claridad. El drama de "No puedo" te impide llegar a tus mayores niveles. Si necesitas drama en tu vida, ve telenovelas. Tu vida es demasiado valiosa para desperdiciarla en tonterías.

¡Mantente motivado!

Haz un trato con tus compañeros de viaje. Comparte con ellos los resultados finales que te has fijado como objetivo y pídeles que los refuercen y que te digan cuando sientan que te desvías. En la zona espiritual todos nos apoyamos entre todos. En la zona espiritual reconocemos y agradecemos nuestra unidad. Como expresión de tu amor por ti, asegúrate de rodearte de personas cooperativas. Debes saber que eres ilimitado y que los demás son igualmente ilimitados. Apóyalos como ellos te apoyan a ti.

¿Tienes deseos aún por cumplir que hayas abrigado toda la vida? No los pierdas de vista. Puedes convertirte en esos deseos confiando simplemente en que son buenos y en que tienes el poder para manifestarlos aquí y ahora. Sintoniza con tu poder como salida de la fuente universal. Al darte permiso de vivir, amar, perdonar y asumir la verdad de lo que eres, empezarás a ver transformación en ti. Tu conciencia cambiará para que puedas empezar a experimentar el poder del éxito en cada instante. Tus antiguos patrones se desvanecerán hasta desaparecer por completo. Debes hacer honor al hecho de que posees un don único. Entre más alientes esta verdad, más facilitarás el cambio en tu conciencia que manifestará el resultado final que te has propuesto.

Di tu intención

La alineación de cuerpo, mente y espíritu acelera la transfortmación. El cuerpo responde a la repetición y la práctica. Cuando yo era un nadador competitivo que entrenaba para las Olimpiadas, solía practicar dos horas y media diarias cada mañana y otras dos horas y media cada tarde. Integré en las células de mi cuerpo la memoria de cada brazada perfecta. Ahora, cuando me meto a una alberca —aun si ha pasado un año de no haberlo hecho—, mi cuerpo sigue sabiendo exactamente qué hacer para ejecutar la brazada perfecta. Debemos ejercitar nuestra voluntad al iniciar el cambio en nuestra vida. Entre más reforcemos nuestra intención por medio de la repetición, más sólidos fundamentos crearemos. Se necesitan veintiún días para cambiar por completo tu energía y conciencia de ti. Veintiún días enfocados de practicar las afirmaciones que he compartido contigo a lo largo de este libro reprogramarán tu cuerpo y tus expectativas. Veintiún días de claridad y atención concentradas en tu resultado final harán posible eso en tu vida. Recuerda ser muy claro en cómo enmarcas tu resultado final. No digas "Quiero" o "Necesito" u "¡Oh, por favor!" Di en cambio "SOY".

1. "SOY amor y sólo atraigo, ahora, a la perfecta, amorosa pareja para mí".
2. "SOY los milagros que ahora mismo experimento en todos los aspectos de mi vida".
3. "SOY ya el dueño de la mejor galería de arte".
4. "SOY creatividad, y tengo éxito en todos mis proyectos de trabajo con creativo discernimiento, planeación y soluciones".

Las afirmaciones funcionan porque el lenguaje es poderosamente creativo. Debes poner tu conciencia en las palabras que usas. ¿Sabes cuál es una de las afirmaciones más poderosas que yo haya oído nunca? "Estoy quebrado". Estas dos potentes palabras cortan el suministro de energía. El flujo de energía a través de un conducto roto nunca llega al resultado final. Nunca digas: "Estoy quebrado". Esto te aparta de tu ilimitada grandeza. Mantén en ti el poder y prueba, en cambio: "Decido en este momento no comprar eso". Recuerda que formas parte de la realeza, y que la familia real consigue todo lo que quiere. La reina no decide comprar todo lo que está a su disposición, y tú puedes tomar la misma decisión: "Decido en este momento no comprar eso".

Al avanzar por este libro, probablemente has empezado a notar que mi intención —mi resultado final para ti con este libro— es lograr que pongas la mayor atención posible en cada instante de tu vida. Con la práctica de esta conciencia superior, sintonizarás más plenamente con tu resultado final, y todas tus antes casuales acciones y palabras tendrán entonces significado y propósito para ayudarte a crear la vida que quieres. Declara tu intención, mantente concentrado y confía en que el Universo proporcionará los medios.

Inicialmente podrías experimentar este éxito como mágico o milagroso, pero luego, al paso del tiempo, te acostumbrarás a esta realidad como la manera en que debe ser la vida. En Estados Unidos hay una popular calcomanía para las defensas de los coches que dice: "Espera un milagro". Ha llegado el momento de tomar esto completamente en serio.

EJERCICIOS

Los siguientes ejercicios te ayudarán a aclarar por qué creas la vida que tienes y cómo puedes crear la vida que quieres. Contempla las preguntas que aparecen a continuación y escribe tus respuestas en un diario o cuaderno. Vuelve a él y añade los detalles que se te sigan ocurriendo. Al poner tu conciencia en tu poder sobre estas cosas, puedes cambiarlas a tu elección.

1. Enlista diez maneras en que te bloqueas para ser, hacer y tener exactamente lo que quieres.

2. Practica cómo asumir la responsabilidad sobre lo que tienes en tu vida ahora. Enlista varias cosas que te gustaría tener y varias de las que te gustaría deshacerte.

3. Si sientes que no tienes suficiente de algo, haz una lista. ¿De qué cosa o cosas careces? Después de hacer tu lista, llena estos espacios en blanco:
    a) Creo _____ para mí. ¡Ahora!
    b) Creo _____ para mí. ¡Ahora!
    c) Creo _____ para mí. ¡Ahora!
    d) Creo _____ para mí. ¡Ahora!

4. ¿Cómo te sientes junto a personas muy ricas? ¿Qué te separa de ellas?

5. Cuando estés con alguien a quien quisieras parecerte o con algo que desearías, tus palabras deben ser: "¿No es fabuloso que esta persona tenga eso? Eso es para mí, también".

6. Sea lo que sea lo que tú quieres, velo, dilo y selo. Recuerda que tu mente subconsciente lo manifestará en algún punto de tu vida. Enlista diez cosas que quieras, usando las siguientes formas declarativas: Soy _____. Tengo _____.

7. ¿Te culpas por tus situaciones? ¿Cuáles son?

8. Crea tu vida como la quieres. Escribe y visualiza el tipo de abundancia que te gustaría para ti. ¿Qué tipo de trabajo te gustaría? ¿Qué tipo de pareja/relación te gustaría? ¿Dónde y cómo te gustaría vivir?

9. ¿Cómo es tu casa? ¿Cómo es la que realmente quisieras? Da una descripción detallada, como si le estuvieras escribiendo a un agente de bienes raíces que sabes que podría encontrar la casa que tú le pidas.

10. Quiero que escribas un libro de cuentos con tu historia. Imagina que es un libro para niños sobre ti. Empieza: "Había una vez una persona llamada..." (añade tu nombre). Continúa con tu perfecta historia.

 **AFIRMACIONES**

Escribe y di repetidamente las siguientes afirmaciones para reprogramar tu identidad como creador de tu propia vida:

1. Creo un Universo abundante, ¡y acepto esa abundancia ahora!
2. Siempre creo oportunidades perfectas en mi vida.
3. Me gusta dar dinero.
4. Entre más doy, más recibo.
5. ¡Soy un triunfador!
6. Ya soy un éxito mundial.
7. Tengo seguridad en mí mismo.
8. Tengo un cuerpo perfecto y saludable.
9. Me perdono por juzgar mi cuerpo o compararlo con el de otra persona.
10. La energía de mi cuerpo me permite gozar de una vida maravillosa.
11. Atraigo a mi vida únicamente a parejas amorosas.
12. ¡Ahora ocurren milagros ilimitados en mi vida!
13. Agradezco mi vida.
14. Soy un ser magnífico.

8
Disfruta de libertad financiera espiritual

Es momento de ponernos prácticos. Gran parte de la manifestación en nuestra cultura occidental tiene que ver con el dinero, con tener los recursos necesarios para adquirir los aspectos físicos de la vida que tú quieres. Habiendo trabajado los capítulos anteriores, ya tienes un sólido fundamento y contexto para desarrollar tus capacidades de disfrutar de libertad financiera. Ahora veremos maneras de atraer dinero como medio para desarrollar la vida exterior que quieres manifestar.

Al vivir en la zona espiritual, estamos conectados con todos los seres vivos. Estamos conectados con la naturaleza y con la Tierra misma como un ser vivo y consciente. Estamos conectados con la fuerza universal. Estamos conectados con el amor, la prosperidad y la abundancia, y con el flujo de la energía universal. Tengamos esto en mente mientras consideramos el dinero.

El dinero como lupa sobre tu vida

En este capítulo el dinero te hará un gran favor. Como resultado de su suprema condición en nuestra materialista cultura

155

de consumo, el dinero es una poderosa lupa a través de la cual podemos ver nuestra vida, nuestros valores y nuestra visión de nosotros mismos. Si estás dispuesto a poner una atenta consideración en tu relación con el dinero, tendrás la oportunidad de un gran discernimiento personal. Esclarecer qué sentimos por el dinero puede ser una eficaz lupa sobre qué sentimos por nosotros. Mientras avanzas por este capítulo, te exhorto a respirar, caminar, meditar, hacer lo que debas hacer para cuidar de ti y mantenerte centrado en el sereno, confiable flujo de energía que es la zona espiritual. Aquí estás a salvo: a salvo de juicios, temores y preocupaciones. Es mi intención ayudarte a desconstruir los agobiantes mitos sobre el dinero que quizá hayas adoptado y recordarte que tu verdadero hogar está aquí, en el amoroso flujo de abundancia que es la zona espiritual.

El dinero como herramienta de intercambio de valor neutro

Lo creas o no, el dinero en sí mismo es de valor neutral. Es simplemente una forma cómoda y convenida de intercambio de energía. Creo que nos será útil destinar un poco de tiempo a considerar que el dinero echa raíz en la simple comodidad como medio para intercambiar bienes y servicios.

Mi vecina, Marianne, cultiva jitomates cada verano. Yo tengo una higuera en mi patio, y al esposo de Marianne le encantan los higos. Todo el verano, intercambiamos higos por jitomates. Yo no podría comerme todos mis higos, ni ella todos sus jitomates; compartimos la abundancia de nuestra energía hortícola, y ambos somos más ricos gracias a este intercambio.

Intercambio con mi amiga Lisa consultas personales por la captura de mis manuscritos. Mi amigo abogado, Martin, hacía trabajos legales para trabajadores agrícolas inmigrantes a cambio de una carga de fresas. Mi amigo Hank, que tiene un teatro, da entradas libres a su tintorero a cambio de servicio gratuito. Tal vez tú seas buen mecánico y a tu vecina le guste estar con niños; reparas su carro mientras ella lleva a tu hijo al parque.

Todos éstos son ejemplos de intercambios amistosos, cómodos y mutuamente benéficos. Todos nos beneficiamos de la cooperación; compartir es un aspecto inherente de la abundancia de la zona espiritual, ¡porque hay mucho por compartir!

El dinero es sólo un mutuamente convenido además de cómodo medio de intercambio y almacenamiento de energía. Lisa podría necesitar una consulta conmigo sin que yo esté listo para que ella capture un manuscrito mío. Como amigos, podemos llegar al acuerdo de recordar las "cuentas por cobrar" entre nosotros. En el amplio panorama de nuestras vidas, lleno de anónimos intercambios de energía, dependemos del dinero para contener la energía de nuestras cuentas. El dinero me permite intercambiar mi energía mediante gran cantidad de terceros sin conocer siquiera a los individuos cuya energía consumo en última instancia. Todos los participantes en un sistema monetario han llegado a un acuerdo de cooperar por comodidad compartida. La moneda en sí misma —libras, euros, dólares, pesos, yenes— es simplemente un depósito simbólico de nuestra energía. El valor neutral del dinero facilita simplemente nuestro acuerdo de intercambio.

Flujo

Mientras que el dinero es de valor neutral, la energía que el dinero representa no es de valor neutral; representa nuestro inteligente pensamiento y creatividad y nuestro intenso trabajo: la extensión de nuestro ser creador a la realidad física. Cuando hacemos lo que queremos, lo que estamos llamados a ser por obra de nuestros deseos conscientes e intencionales, experimentamos el flujo. Este flujo parece a veces milagroso cuando se extiende a todos los aspectos de nuestra vida, incluida nuestra vida de trabajo, la parte de nuestra vida en la que hacemos intencionalmente una contribución como seres creativos. Por medio de nuestro trabajo atento y consciente contribuimos intencionalmente al flujo de la energía universal. Mientras más contribuciones valiosas produzcamos, más retornará el flujo a nosotros. La energía universal puede regresar a nosotros como amor, como sincronicidad, como buena voluntad, como apoyo para nuestras necesidades físicas, y puede llegar a nosotros como dinero. El dinero expande el proceso creativo al permitirnos decidir conscientemente cómo hacer retornar nuevamente al flujo la energía contenida en el dinero. Cuánta conciencia usemos en la reconversión del dinero (también conocida como gasto, inversión, donación) determina cuánto del dinero que ha pasado por nuestras manos contribuye al flujo universal.

El dinero fluye hacia nosotros en respuesta directa a nuestras intenciones. Fluye libremente hacia nosotros en correlación con nuestra creatividad consciente y nuestra desinteresada generosidad. Cuando alimentamos el flujo, éste nos alimenta a su vez. Así que, ¿por qué tantos de nosotros experimentamos problemas de falta de dinero? Creo que esto se debe a que lo hemos visto separado de nosotros mismos. Lo hemos separado de su propósito original, que era ser un depósito de nuestra energía. Sospecho que cada uno de los lectores de este libro está seguro de poseer significativa energía y pensamiento creativo por contribuir al flujo de la energía universal.

Creo que tú puedes simplificar complejos problemas de dinero practicando una consciente estimación del dinero como un depósito convenido de la energía que sabes que posees en abundancia. Ya tienes una relación cómoda y familiar con la energía que aportas al mundo; ésta es una expresión de tu flujo creativo. Al evolucionar tu pensamiento acerca del dinero para verlo como una representación de esa energía, el dinero se convierte en algo personal, espiritual y vivo. Tienes ilimitado acceso a él porque se origina en ti, en los resultados de tu producción energética. En la zona espiritual, serás crecientemente consciente y atento a tu producción, a todo lo que fluye de ti hacia el mundo. Puedes esperar legítimamente que aquello con lo que contribuyes al flujo se te devolverá, y, en nuestra cultura, parte de esa devolución será en forma de dinero. Espera esto como tu imperial derecho de nacimiento.

Recompensas no monetarias del flujo

Mi experiencia en la zona espiritual ha sido que la abundancia y la prosperidad llegan a mí en muchas formas además del dinero. Recibo compensación directa por mis contribuciones de muchas formas diversas, como el trueque de captura por consulta; también recibo todo tipo de manifestaciones "milagrosas", como el hecho de haber conocido "al azar" a mi agente literario en el momento indicado como compañero de asiento en un avión, o de haber "encontrado" en la calle un billete de cien dólares fuera del centro de copiado cuando había olvidado mi cartera. Estos milagros diarios son exactamente lo que puedes esperar cuando vives en el flujo consciente de la zona espiritual.

En nuestra (no espiritual) cultura, hemos permitido que el dinero sea el valor de nuestra dignidad. Juzgamos y somos juzgados por el auto que manejamos, la casa que tenemos, las vacaciones que tomamos, la ropa que nos ponemos, la escuela a la que van nuestros hijos, los clubes a los que pertenecemos, las carteras de valores y cuentas bancarias que poseemos. Estas cosas tienen un valor de prestigio sólo de acuerdo con parámetros ajenos a la zona espiritual. En ese lugar externo, no hay contabilidad para los milagros diarios que nos sostienen y enriquecen nuestra vida. Si abandonamos nuestra atención, también podríamos ser fácilmente atraídos a este juego. "¿Cuánto vales?" se convierte en una pregunta que tomamos en serio, como si alguna vez pudiéramos cuantificar de verdad nuestro "valor neto". *Lo único que podemos cuantificar es el dinero que hemos tomado del flujo en un momento dado de nuestra vida.*

Lo que realmente importa

Por ridículo que esto sea desde la perspectiva de la zona espiritual, me doy cuenta de que existe una tremenda presión cultural para que seamos materialistas y nos juzguemos a nosotros mismos y a los demás en términos de bienes acumulados. Estas constantes evaluaciones nos son continuamente arrojadas por los medios publicitarios, y nos impondrán un alto costo a menos que seamos vigilantes en nuestra conciencia sobre lo que realmente importa. Recientemente dirigí un seminario en Toronto en el que pregunté a unos 150 individuos: "¿Cuántos de ustedes creen ser grandiosos en la vida?" ¿Cuántas manos crees que se levantaron? Cinco. ¡Cinco! Sólo alrededor del tres por ciento de la sala se había dado permiso de vivir su grandeza. Hice que la gente se parara y dijera: "Soy Carol y soy grandiosa" o "Soy Evan y soy grandioso". Esto fue terriblemente difícil para esas personas, porque estaban muy programadas para medir su grandeza en términos de riqueza o fama.

Tú eres grandioso, innatamente grandioso. Formas parte de la realeza. Eres una excepcional manifestación física de energía creativa universal que encarnó en la Tierra para experimentar la realidad física. Eres un maravilloso y noble ser espiritual que sólo merece lo mejor. Cree esto, y sólo lo mejor llegará a ti.

Respeta el dinero por lo que representa

Cómo tratas al dinero es significativo ahora que sabes que es un depósito de tu energía. Es importante que respetes al dinero, como respetas el intenso trabajo que representa. Tu dinero es una extensión de ti, así que trátalo con el respeto que mostrarías por ti. Dedica tiempo a ordenarlo en tu cartera o tu bolsa. Está atento a cómo lo manejas para que pongas atención en lo que puede hacer por ti.

Sé realmente claro en tus asuntos financieros para que puedas identificar y corregir cualquier bloqueo que se interponga entre ti y la grandiosa y abundante vida que mereces. Date mucho tiempo para hacer los siguientes ejercicios, pero no los abandones; avanza por ellos a un paso responsable, consistente.

Los cuatro pasos hacia la libertad financiera

1. **Asume tu responsabilidad**
   Pon algo de conciencia en la situación financiera que has creado actualmente para ti, a fin de que puedas hacer los cambios que quieras.

   A. Escribe tus esperanzas y temores relativos al dinero. No vaciles; sólo dejar fluir la pluma.
   B. Escribe tus buenos y malos pensamientos sobre el dinero. Tampoco seas autocrítico en este proceso; entre más rápido escribas, más oportunidad tendrá tu mente inconsciente de aportar algo.
   C. Abre tu conciencia a la forma en que hablas del dinero. Presta especial atención a cómo verbalizas tus asuntos financieros durante la semana próxima. Toma notas.

2. **Aclara las necesidades financieras de tu estilo de vida.**
   Al calcular exactamente tus necesidades, identificarás más fácilmente un resultado final financiero que te conceda la confortable vida que deseas.

   A. Calcula cuánto te cuesta vivir como te gusta. Detalla con toda exactitud tus necesidades financieras, incluidos techo, comida, ropa, tarjetas de crédito, servicio de deuda, préstamos, vacaciones, coche, entretenimiento, etcétera.
   B. Supón que eres un contador. Elabora una hoja de cálculo en la que enlistes todos tus bienes financieros y deudas financieras.

Estos ejercicios podrían ser emocionalmente difíciles para ti. Quizá hayas estado mucho tiempo sin examinar tu deuda total o tus saldos acumulados de tarjeta de crédito. Y ahora yo te aconsejo superar esa negación basada en el temor. Tendrás que ser muy honesto contigo acerca de dónde estás; y luego tendrás que decidir si estás cómodo y satisfecho en ese lugar o si quieres hacer algunos cambios. Respira. Ten valor. Continúa. Pasemos a un estrato más elevado:

3. Ordena el caos

Sólo tú sabes cuál es tu lío particular. Enfréntalo. Aproxímate a él paso a paso. Desmantela sistemáticamente la disfunción que has creado alrededor del dinero en tu vida... paso a paso.

Así como en el capítulo 1 consideramos la posibilidad de comer por las razones equivocadas (consuelo, amor), tú podrías estar gastando por las razones equivocadas. Tengo una clienta que "compraba a morir". Aunque, siendo secretaria, ganaba un salario promedio, gastaba como una superestrella que ganara millones de dólares. Su debilidad particular era la ropa: ni siquiera se la ponía, pero la seguía comprando. Al cabo de un año, se vio en graves problemas. Fui a su casa e hice que sacara todo lo que tenía en sus cajones y clósets. Yo iba haciendo una lista de lo que ella había gastado en el último año. ¡Lo que había gastado en ropa que no se ponía habría sido suficiente para comprar un automóvil nuevo! Hice que en ese mismo momento destruyera sus cinco tarjetas de crédito. Y luego nos pusimos a trabajar en el pago de la menor de sus deudas de esas tarjetas. Ella realizó estos ejercicios de cuatro pasos a la libertad financiera, y realmente elevó su conciencia en torno al dinero. Admitió para sí que se había acostumbrado a gastar en sustitución de su amor a sí misma. Empezó a amarse de verdad. Aprendió a respetarse, y a respetar el dinero. Ahora, seis meses después, ha logrado pagar dos de sus tarjetas de crédito. Tiene una nueva pasión: pintar. Está diseñando una línea de tarjetas de felicitación. Ha empezado a aceptar su grandeza y a asumir su poder. Está haciendo ejercicio, luce más joven y sale con hombres que la respetan. Ahora, tu turno:

A. Explora nueva maneras de incrementar tus ingresos a fin de que tus entradas sean más altas que tus salidas.

B. Estudia tus saldos de tarjeta de crédito. Si van más allá de tu capacidad de pago conforme a tus ingresos mensuales, deshazte de ellas: destrúyelas o escóndelas. Seguir cargándolas podría ser una tentación inevitable.

C. Planea una estrategia para pagar tus saldos existentes; haz lluvia de ideas con tu compañero de viaje en la zona espiritual o con un contador, para obtener ayuda en tu decisión sobre la mejor manera de hacer esto.

4. **Busca el sistema de planeación financiera ideal para ti**

A. Fija tus metas para seis meses; para un año; para dos años. Es importante que estés abierto a generar más ingresos a medida que avanzas. ¿Cuánto ganas actualmente? ¿Quieres ganar el doble? ¿El triple? Eres un imán de dinero. Haz las cosas que te gusta hacer. El dinero fluye mientras participas consciente y plenamente en el flujo de la energía espiritual. Ten el cuidado de permanecer en la zona espiritual y no cerrarte por temor o sentirte abrumado. Si te cierras, perdónate y vuelve a empezar.

B. Identifica tus resultados finales financieros.

- ¿Quieres tener una casa?
- ¿Quieres una cuenta de ahorros? ¿De cuánto? ¿De 50 000 pesos? ¿De 100 000? ¿De un millón?
- ¿Quieres una cuenta de retiro?
- ¿Contribuyes con dinero a una causa valiosa o de beneficencia?
- ¿Te dices la verdad sobre lo que quieres financieramente?

Considera la posibilidad de replantear tu manera de ver las situaciones de dinero:

Antiguo sistema de creencias	Nuevo sistema de creencias
¿Cómo le hacen para tener eso?	¿No es maravilloso que tengan todo en la vida? Eso es justo lo que yo quiero. Esto es para mí.
No sé cómo le voy a hacer. ¿De dónde llegará el dinero?	Siempre tengo muchas oportunidades de recibir dinero. El dinero llega a mí fácilmente.
¡Es imposible que compre eso!	Decido comprar cualquier cosa en cualquier momento.

Donativos

Hablemos de regalar dinero. En muchas de las religiones del mundo hay una larga tradición de diezmo, consistente en devolver a la fuente una décima parte de los ingresos personales. Éste es un profundo ejercicio de atención: reafirmar nuestra pertenencia a la fuente única y contribuir conscientemente al flujo de la energía universal. Regalar parte de tus ingresos refuerza tu creencia en una abundancia infinita. Confías en que ese monto de diezmo llegará al mundo y apoyará buenas obras y luego regresará a ti. Esta acción lleva inherente tu creencia de que toda buena obra te beneficia en lo personal, porque beneficia a alguien. Al dar diezmo, practicas tu creencia en la conexión.

No des por simpatía o piedad; éstas son un reforzamiento de la carencia. Si consideras que alguien se encuentra en una necesidad financiera crónica, dale tu amor, regálale este libro; darle simplemente dinero podría reforzar las circunstancias de dependencia imperantes, que evidentemente no le funcionan.

Así como te he alentado a confiar en y dejarte llevar por tus deseos conscientes sobre qué hacer con tu vida, puedes confiar en tus deseos conscientes sobre qué y a quién apoyar con tus donativos financieros. Al dar para hacer posibles las buenas obras de otros, rápidamente experimentarás el poder de tu dinero para hacer el bien en el mundo. Esto reforzará tu sensación de merecer más, lo que conducirá a que tengas más.

Tengo unos amigos, Larry y Belinda, que han practicado el diezmo durante varios años. Idearon un sistema muy efectivo, y me gustaría compartirlo contigo. Primero, abrieron una nueva cuenta bancaria. Como nombre de la cuenta, justo bajo sus nombres en el extremo superior izquierdo de los cheques, imprimieron "Cuenta de diezmo". Luego, cada vez que recibían un ingreso —cheques de pago, intereses, dividendos, donativos financieros—, inmediatamente depositaban la décima parte de sus ingresos en la cuenta de diezmo. Dejaron que el dinero de esa cuenta se acumulara durante tres meses, para que representara un monto considerable. Hicieron ciertas investigaciones sobre causas valiosas, y decidieron que querían realizar donativos a cuatro causas: en su caso, el ashram donde ejercían su práctica espiritual, el medio ambiente, el apoyo a las personas con sida y la educación.

Mientras el dinero de "regalo" en su cuenta de diezmo aumentaba a lo largo de tres meses, Larry y Belinda empezaban a sentirse verdaderamente ricos. Se descubrían leyendo periódicos con un ojo puesto en organizaciones meritorias. Luego, cada trimestre se reunían para dividir el monto acumulado en su cuenta de diezmo en cuatro partes iguales. En algunas categorías, donaban la cuarta parte íntegra a una sola organización; en otras, compartían el monto acumulado entre varias organizaciones. Escribían además breves cartas agradeciendo a cada organización su buena obra y alentándola a continuar.

Larry y Belinda descubrieron que esta práctica les daba mucha alegría. Todo en ella, desde el depósito del diez por ciento hasta el envío de los cheques y la recepción de cartas de agradecimiento, los hacía sentirse ricos. Actuaban como si fueran filántropos. Y sabes qué: son filántropos. Su diez por ciento está haciendo el bien en el mundo como lo hace por ellos al ayudarlos a sentirse ricos e incrementar significativamente su sensación de contribución y dignidad.

Tengo una clienta, Kathleen, que guarda la mitad de sus ingresos para invertirlos en su crecimiento espiritual. Usa este dinero para clases, talleres, seminarios, libros, cintas y viajes espirituales. Invierte mucho en su crecimiento espiritual, lo que mejorará radicalmente la calidad de su vida e incrementará sus finanzas.

Te exhorto a considerar la posibilidad de practicar el diezmo. Prueba una vez. Ve si no te da de inmediato una experiencia de prosperidad regalar dinero a organizaciones valiosas que te gustaría ayudar a triunfar. Al actuar como si fueras filántropo, seguramente te convertirás en uno.

EJERCICIOS

Contempla las siguientes preguntas y escribe tus respuestas en tu diario o cuaderno:

1. ¿Qué creencias te impiden tener dinero? Enlista al menos cinco.
2. ¿Cuáles son tus temores acerca del dinero? Enlista al menos cinco.
3. ¿Cómo te sientes cuando tocas tus cuentas? ¿Tu dinero?
4. ¿Cómo te sientes al gastar dinero?
5. ¿Usas billetes o tarjeta de crédito o débito?
6. Si usas tarjeta de crédito, empieza a examinar lo que compras con ella y ve si esos artículos o cosas materiales son algo que realmente necesitas. La conciencia te ayudará a no gastar interminablemente. Pregúntate:

   - ¿Esto me hace avanzar?
   - ¿De veras necesito hacer ese viaje?
   - ¿Necesito esta prenda?

7. Analiza tus salidas de dinero. Da dinero a buenas causas, es decir, obras de caridad y personas que realmente valoren tu donativo. Haz una lista de obras de caridad a las que te gustaría apoyar con donativos.

8. Elige una obra de caridad cada seis meses y contribuye a ella. Gira un cheque o dona efectivo. Obtén un recibo.

9. ¿Esperas controlar a alguien o algo con dinero? De ser así, haz una lista de quiénes y por qué.

10. Si fueras la persona rica y próspera que te gustaría ser, ¿a quién amenazaría esto en tu vida? ¿Quién podría alejarse de ti?

11. ¿Qué te parecería pedirle un aumento a tu jefe? Activa ahora tu poder de decidir. Decide tener suficiente dinero siempre. Decide no culpar a nadie ni a ninguna condición de tu situación financiera.

AFIRMACIONES

Escribe y di las siguientes afirmaciones:

1. Soy un imán de dinero.
2. Me gusta el dinero y me gusta recibir dinero.
3. Me gusta gastar dinero sabiamente.
4. Siempre tengo suficiente dinero para hacer exactamente lo que decido hacer.
5. Amo al dinero y el dinero me ama.
6. Entre más dinero comparto con mi familia y amigos, más recibo.
7. Confío en que mi provisión de dinero siempre es ilimitada.
8. Perdono a todos mis problemas de dinero ¡y sólo acepto lo mejor!
9. No tengo deudas de tarjeta de crédito ni deudas con otras personas.
10. Soy un ser espiritual ¡y en este momento un individuo rico y próspero!

9
Vive sirviendo a los demás

Hemos tenido varias oportunidades de considerar que en la zona espiritual ya no vivimos en la ilusión de la separación. Mediante el perdón y la redención, hemos reconectado nuestra conciencia con la fuente universal. En la zona espiritual sabemos que no somos seres aparte; más bien, nos reconocemos como singulares manifestaciones de la única fuente universal. En este estado de conexión consciente, experimentamos un más fino acceso a otras manifestaciones de la vida. Esto se expresa, como ya hemos dicho, como mayor intuición, más profunda empatía y simpatía, y sincera, motivadora compasión. En la zona espiritual, nuestro corazón se abre de nuevo a las experiencias de los seres humanos que son nuestros compañeros de viaje; sintonizamos más finamente con su alegría y su dolor, sus éxitos y sus fracasos, porque somos despertados a esa parte de nosotros mismos que se empalma con ellos. Muchos seres humanos que han accedido a la zona espiritual experimentarán su realización espiritual eligiendo una vida de servicio.

Conciencia "superior"

En la conciencia superior de la zona espiritual tenemos acceso a mayores representaciones de la vida. La palabra "superior" realmente funciona aquí: entre más nos elevamos sobre los detalles de la Tierra, más amplio es el panorama de la vida al que podemos acceder. Esta imagen funciona tanto en sentido literal como figurado. Existen conmovedoras historias de muchos astronautas que relatan experiencias que les cambiaron la vida y que resultaron de haber observado la belleza y vulnerabilidad de nuestro "planeta azul" desde el espacio.

El capitán de marina y doctor Edgar Mitchell, de la misión del Apollo 14, fue el sexto hombre en pisar la luna. En su viaje de regreso, en dirección a la Tierra por el espacio, el doctor Mitchell fue sobrecogido por una tan profunda sensación de la conexión universal que supo que su vida no volvería a ser la misma. Sintió intuitivamente que él, sus compañeros astronautas y la propia Tierra compartían de algún modo la misma conciencia. Tras volver a la Tierra, el doctor Mitchell fundó el Institute of Noetic Science (Instituto de Ciencias Noéticas, IONS por sus siglas en inglés), sociedad de saber global en la que la conciencia, la espiritualidad y el amor ocupan el centro de la vida. El propósito del IONS es justo el que podría esperarse de una organización fundada por un hombre dedicado al servicio espiritual: "Explorar la conciencia para el despertar del mundo —en la que descubramos y aprendamos juntos a desarrollar nuestro potencial individual y colectivo— mediante las ciencias de vanguardia, la indagación personal y comunidades de aprendizaje".

La experiencia de despertar del doctor Mitchell está quizá más dramáticamente ilustrada que la mayoría, pero es sólo una entre millones de historias de individuos que han entrado a la zona espiritual. En esta zona tendemos a reevaluar nuestra vida y compromisos. Al igual que el doctor Mitchell, muchos de nosotros decidiremos dirigir nuestra energía y actividad a profundizar y ampliar la experiencia en la zona espiritual, para que ésta esté más pronto a disposición de otros y sea continuamente más significativa para nosotros.

Éste es uno de los milagrosos aspectos de la vida en la zona espiritual. Experimentamos una conexión personal con toda la humanidad, y nos sentimos atraídos, por efecto de esa conexión, a ofrecer nuestras habilidades y energías al servicio de los demás. Aunque cada uno de nosotros siente una profunda, personal y permanente conexión con sus seres queridos inmediatos, ahora empezamos a resonar con todas las personas en forma similar, como hermanos y hermanas en nuestra familia humana. Esto no significa que todos tengamos que dejar nuestra carrera como astronautas y personas de negocios, sino, en mi opinión, que inevitablemente pondremos en nuestra carrera más de nuestras capacidades de la zona espiritual. Hagamos lo que hagamos con nuestra vida, lo haremos con más intención, más atención y más compasión por aquellos con quienes interactuamos.

Esto se debe a que, como ciudadanos de la zona espiritual, hemos despertado mayor número y más profundas capacidades en nosotros. Quizá sintamos que también más responsabilidades acompañan a nuestro despertar, pero no creo que sean externamente impuestas; por el contrario, nos sentimos compelidos en un nivel espiritual a ser útiles a nuestros hermanos y hermanas que necesitan nuestra ayuda. El origen de nuestro impulso a ser de utilidad podría simplificarse como un consciente espíritu de fraternidad, pero la manifestación de la forma en que decidamos servir podría implicar grandes y complejos cambios, como lo mostró la experiencia del doctor Mitchell de transitar de astronauta del Apollo a fundador de una organización espiritual. Tienes estimulantes oportunidades en la vida por esperar ahora que has optado por la zona espiritual.

¡Llega más hondo!

Llegar hondo en el servicio espiritual ha sido mi experiencia personal. Ya me referí a mi entrada en la zona espiritual al comienzo de este libro, pero deseo volver a hacerlo brevemente aquí. Siempre había trabajado en un carácter de servicio, primero como asistente personal de varios actores y celebridades de Hollywood y luego como agente y manejador personal. Hice un viaje a París, donde descubrí una muy profunda familiaridad, como si ya hubiera vivido antes ahí. Empezaron a sucederme cosas extraordinarias. En un club nocturno de París, canté una canción de Grease (Vaselina, en la que yo había actuado en Los Ángeles), y eso me condujo sorpresivamente a un súbito contrato de grabación. Con el contrato en pie, sentí que era momento de echar raíces en París. Volví a Los Ángeles, disolví mi empresa y regresé lo más pronto que pude a mi anhelada nueva vida en Francia.

Tan pronto como llegué, llamé a la compañía disquera, y me sentí devastado al saber que mi contrato había sido cancelado. ¡Mi esperanza de éxito y seguridad se había desvanecido en el aire! Caí en una crisis emocional, deseperadamente necesitado de guía. Fui a la catedral de Notre-Dame todos los días durante tres semanas a pedir guía sobre lo que debía hacer. El tercer día de la tercera semana experimenté una reveladora visión. Sentado solo en una banca en la iglesia inusualmente vacía, sentí de pronto el impulso de alzar la mirada. Desde el techo de la catedral, un brillante torbellino de luz púrpura cayó sobre mí, y en un abrir y cerrar de ojos vi a siete ángeles bailando a mi alrededor. Giraban en torno a mí y me hablaban telepáticamente. Me aseguraron que había hecho bien en ir a Francia, y me alentaron a tener confianza. Mi ángel guardián, el arcángel Miguel, se presentó ante mí, diciendo su nombre. Siguió asegurándome que todo estaba bien. Su energía angélica era increíble: cálida, boyante, intensa, y me mantuvo en animada seguridad.

Regresé caminando a mi departamento y sonó el teléfono. Era un amigo que me ofrecía un lugar en el que podía alojarme gratis. El resto del viaje siguió mejorando de la misma manera en una serie de milagros. Terminé por entender que había ido a Francia para tener esa particular experiencia de encontrarme con el arcángel Miguel, y que estaba siendo preparado para la obra de mi vida: difundir sanación, alegría, realización, exultación, propósito y amor y ayudar a los demás a despertar a su vida en la zona espiritual.

Así que aquí estoy, escribiendo para ti sobre el servicio. Había pasado la mayor parte de mi carrera previa sirviendo a los demás, pero ahora trabajo al servicio de la espiritualidad. Mis relaciones con mis clientes privados y el público que acude a mis seminarios es profunda e intuitiva. Al vivir en lo hondo de la zona espiritual, tengo acceso a profundos niveles de empatía y compasión, que me inspiran a ayudar a los demás y también me permiten intuir con claridad cómo exactamente puedo prestar mejor ayuda en una circunstancia dada.

Cuando desarrolles tu familiaridad con la zona espiritual, te volverás experto en identificar tus resultados finales, "actuando como si" y manteniéndote encarrilado para crear la vida que deseas. Éstas son las habilidades prácticas de cómo hacer funcionar tu vida para ti en la forma que quieres. Entre más tiempo y más intencionalmente residas en la zona espiritual, más profundamente penetrarás en ella.

Propósitos significativos

Ha sido mi experiencia que residentes de mucho tiempo de la zona espiritual son llamados a convertirse en poderosas fuerzas de servicio. Esto no es un requisito, pero parece ocurrir. Una vez que has creado la relación amorosa que quieres y el trabajo que quieres y la casa y el coche que quieres —todas las cosas externas que crees querer—, te verás buscando más profundas y significativas actividades. Creerás en tu capacidad para alcanzar cualquier cosa, y por lo tanto querrás terminar el hambre del mundo y estabilizar la paz mundial. Sintonizarás tan finamente con las necesidades de los demás —individuos que comparten tu vida personal, personas del mundo en general, la Tierra misma— que sentirás el impulso de dedicar tus iluminadas capacidades al servicio espiritual.

Al entrar y permanecer en la zona espiritual, pronto terminarás por entender que la escasez es una ilusión. La escasez —la base de los sistemas económicos mundiales, y una de las principales causas de conflictos, guerras, sufrimiento, hambre y muerte— es *una ilusión*. Es una ilusión que impera fuera de la zona espiritual, y de acuerdo con la cual entre más tienes, menos tengo. En la realidad espiritual, esto simplemente no es verdad. Primero, la fuente es ilimitada; podemos crear ilimitadamente todo. Segundo, en realidad no existe separación entre tú y yo; todos somos parte de la Conciencia Universal, como lo experimentó Edgar Mitchell al regresar a la Tierra después de haber caminado sobre la luna. En realidad, entre más tienes, *más tengo, porque somos uno.* En la zona espiritual sentimos una experiencia visceral de esta unidad. Ya no nos acercamos a la vida desde el punto de un ser aislado, apartado; en cambio, nos identificamos con el todo del cual somos una parte única.

¿Alguna vez has manipulado un holograma? Si tomas un holograma y lo cortas o rompes, descubrirás que cada pequeña parte contiene la imagen completa del todo que alguna vez compuso. Éste es un práctico recurso visual que puede ayudarte a imaginar tu parte en el todo de la vida. Como una parte profunda y conscientemente conectada del todo de la vida, nuestra identidad se ensancha para incluir a toda la vida. Por lo tanto, nuestro interés propio se deriva de esta experiencia de unidad: lo que es bueno para ti sirve innatamente a mi interés propio. Muy simplemente, entre más pueda yo servirte, más realizado estaré. Ya no me identifico con la escasez, así que servirte no me cuesta nada, sólo me beneficia. Me llena. Servir a los demás se convierte en una necesidad egoísta. ¿Qué te parece esta idea radical?

Puedo citar incontables ejemplos de personas que han despertado a su destino supremo viviendo en la zona espiritual. Páginas atrás hablamos de la Madre Teresa y Gandhi y San Francisco. Éstos son individuos a los que común y formalmente nos referimos como santos, pero sólo actuaron en su propio interés espiritual. Fueron individuos con una muy desarrollada conciencia que pasaron la vida en busca de su realización personal, la cual era servir al Espíritu Único. La cultura popular, que es lo que en gran medida existe fuera de la zona espiritual, vio a la Madre Teresa como un inusualmente abnegado tipo de supermujer. Desde esa estrecha, escasa, ilusoria perspectiva, se nos induce a verla como un milagro viviente por su disposición a subordinar sus comodidades personales al auxilio de los enfermos y los pobres de Calcuta. Pero en su estado despierto, propio de la zona espiritual, ¿qué podía dar más satisfacción a la Madre Teresa que aliviar el sufrimiento de sus hermanas y hermanos? Su santidad se deriva de su claridad acerca de la unidad de toda la vida.

¿Recuerdas a mi clienta Sarah, la maestra de kínder de la que te hablé en el capítulo 3? Sarah es un ejemplo de la vida cotidiana de alguien que, después de haber entrado a la zona espiritual, ha entregado su vida al servicio. Ella se sintió llamada a trabajar con niños. Excepto por sus considerables experiencias como madre de dos hijos, en realidad nunca había recibido formación docente. Pero se sintió llamada. Había realizado mucho trabajo espiritual: estudio, yoga, meditación. Había despertado su conciencia y sabía profundamente que su vida era una serie de decisiones que debían tomarse con toda atención. Antes de tomarse tiempo para criar a sus hijos, había trabajado como chef de pasteles en un lujoso restaurante de San Francisco; era muy estimada en la industria alimenticia, e incluso se le había solicitado hacer un recetario de postres. Cuando se embarazó de su primer hijo, dejó de trabajar, y pensó que algún día regresaría a su profesión. Siguió pensando eso a lo largo de su segundo embarazo y durante los varios años en que sus hijos aún eran pequeños.

Una mañana, cuando su hijo menor cursaba primero de primaria, Sarah se despertó sintiendo una urgencia de trabajar con niños. Ella describe esto como una profunda certeza, como si siempre hubiera estado ahí dentro de ella, pero que no vio hasta ese día. Esto ocurrió en primavera. Sarah visitó un kínder en su colonia. No sabía mucho sobre el lugar, pero había oído buenos comentarios de sus amigas con hijos. Sencillamente siguió el impulso de detenerse ahí al volver a casa de la tienda. Se encontró con la directora al acercarse al edificio, y —para su propia sorpresa— le dijo honestamente que había despertado esa mañana sintiendo que empezaría a trabajar con niños. Se disculpó por su espontaneidad, pero preguntó si podía conocer la escuela y hacer quizá una solicitud para un puesto de asistente para septiembre próximo. La directora la miró un poco asombrada; le dijo que una asistente había renunciado justo esa mañana. Le preguntó si le interesaba empezar a trabajar el lunes siguiente.

Esto es lo que pasa cuando te pones en línea con tu verdad. El Universo ha estado esperando a que abras la puerta. Sarah empezó a trabajar el lunes siguiente, y para el mes de septiembre ya era maestra titular de kínder en otra escuela. Ella me explicó que se sintió compelida a trabajar con niños, quienes aún son nuevos en la encarnación física. Sentía que podía entender la confusión de los niños para comprender la realidad física, y que podía tranquilizarlos tratándolos como seres espirituales y cerciorándose de que fueran vistos y honrados y entendidos. Sarah cree que fue espiritualmente llamada por los niños que ahora son sus alumnos. Siente que llegó a un acuerdo espiritual con ellos de que estaría ahí para recibirlos, tranquilizarlos y educarlos en su salida del acogedor vientre de su familia y su entrada al mundo exterior como estudiantes de kínder de cinco años de edad.

Sarah comienza temprano su día cada mañana, meditando sobre sus niños antes de ir a la escuela, y luego trabaja hasta tarde en casa después de que sus hijos se han dormido, preparándose para el día siguiente. Termina su día meditando en cada niño antes de dormirse. Sarah tiene un horario de trabajo terriblemente largo, pero no siente que haga un sacrificio; se siente colmada por su servicio, porque honra a su grupo de niños como nobles seres espirituales que han venido a la Tierra a hacer una diferencia. Se siente emocionada de tener la oportunidad de tratar a esos niños en la zona espiritual, de poder asegurarles tan sólo con su amorosa presencia que la zona espiritual existe en el mundo de los adultos encarnados y que pueden confiar en que esto es cierto. Se siente honrada de estar al servicio de esos niños; espera que su presencia en esas jóvenes vidas les confirme que pueden llevar sin riesgos hasta la realidad física su magnífico ser espiritual.

Gracias a su despierta intención espiritual de trabajar con ellos, Sarah les permite a los niños conservar la conciencia espiritual que trajeron consigo a esta encarnación. Las almas de todos nosotros eran nobles cuando llegamos a este mundo, pero hemos sido lastimados y reducidos y cercenados por una inconsciente sociedad adulta. Gracias a la guía de Sarah, sus alumnos de kínder no tendrán que desviarse tanto de la realidad espiritual como muchos de nosotros hicimos, sólo para encontrar nuestro camino de vuelta ahora que tenemos más de treinta, cuarenta, cincuenta o sesenta años. Imagina el impacto en el mundo cuando todos los niños de kínder sean tratados como seres espirituales y puedan preservar su conciencia espiritual. Imagina toda una generación de jóvenes que han crecido plenamente conscientes de su sendero espiritual, una generación que no tenga que sufrir el fenómeno del "extraño en una tierra extraña" de crecer en un mundo ilusorio, materialista. Estos niños —los alumnos de kínder de Sarah— son los líderes del mañana. Crecerán reconociendo su llamado como servidores del espíritu universal. Éste es el grandioso futuro de nuestros hijos y nietos. Ésta es la visión que Sarah fue llamada a promover. No es de sorprender que su vida de servicio le brinde tanta alegría.

La alegría es una estimulante expresión de lo que somos como creativos seres espirituales. Es una fuerza que magnetizará tus deseos. Es inherentemente atractiva, y provoca el apoyo de la comunidad. Los niños de kínder de Sarah son pequeños y alegres seres cuyos deseos serán diligentemente cumplidos, porque su energía es muy atractiva. Sus poderes de manifestación son invencibles. Protegidos por Sarah, su servidora, esperan con todo su corazón que el mundo los ame.

Amarnos a nosotros
como servicio a los demás

Los bebés llegan a la realidad física listos para amarse a sí mismos. Son sus experiencias negativas de un mundo hostil y materialista las que los despojan de su innato poder de amor propio. Esto tiene tremendos efectos graduales. Creo que no podemos amarnos unos a otros más de lo que nos amamos a nosotros mismos. Cuánto nos amemos determina el nivel de nuestra capacidad para amar a los demás. El amor, como el servicio, no es un acto de abnegación. No hay escasez de amor en el mundo. El amor es una mercancía infinita. Entre más amor damos, más amor tenemos. Entre más amor tenemos, más amor atraemos. Imagina el amor que le devuelven a Sarah sus veinte niños espiritualmente agradecidos. Imagina el amor concedido a la Madre Teresa por los pobres de Calcuta o a San Francisco por los pobres de Asís o a Gandhi por las masas de la India. El amor fue su recompensa por su vida de servicio.

Considera a algunos de los líderes del mundo que se han comprometido con un servicio desinteresado. Puedo asegurarte que los ganadores del Premio Nobel de la Paz Jimmy Carter, Nelson Mandela, la Madre Teresa y el Dalai Lama se aman a sí mismos. También Martin Luther King, Jr. Ninguna de esas personas dedicó su vida al servicio como penitencia por una conciencia culpable. Ninguna de ellas dedicó su vida al servicio porque quisiera fama o gratificación del ego. Cada una fue llamada al servicio por su conciencia superior. Al elegir el sendero espiritual de servir a los demás, viven en una atmósfera de amor y gratitud. Entre más se aman a sí mismas, más amor tienen para compartir con otros a través de su servicio. Entre más servicio ofrecen, más sienten que cumplen su propósito en la vida.

Te invito a abrirte a la posibilidad de que, en la zona espiritual, tú también te veas llamado a la realización mediante una vida de servicio. Esto no quiere decir que debas renunciar a tu actual carrera o intereses; de hecho, podrías profundizar antiguos compromisos poniendo una nueva actitud de servicio espiritual en esos empeños. Al establecer un hábito personal de preguntarte cómo puedes brindar un amoroso servicio en cada situación en la que te encuentras, compartirás la noble energía espiritual de la zona con todos con quienes entres en contacto. Luego sentirás que tus capacidades se profundizan y amplían. Luego sentirás que tu realización y dignidad florecen. Luego sentirás el amor derramarse en tu vida.

EJERCICIOS

Contempla las siguientes preguntas y escribe tus respuestas en tu diario o cuaderno:

PASO UNO

1. Si supieras que no puedes cometer errores, ¿qué harías realmente con tu vida?
2. Si nunca más tuvieras que preocuparte por las finanzas y el dinero, ¿qué harías?
3. Si supieras que nadie te juzgará nunca en la vida, ¿qué harías?
4. ¿Sientes que has fracasado en esta vida?
5. ¿Qué te gustaría hacer de verdad?

PASO DOS

1. ¿Cómo percibes la vida y a ti mismo?
2. ¿Cómo te perciben los demás?
3. En este momento mi vida es _____.
4. Mi situación financiera es _____.
5. Lo más importante en mi vida es _____.
6. En una escala de 1 a 10, ¿cómo te calificarías?
7. ¿Por qué?

Al escribir todas estas cosas, quiero que empieces a cambiar tu sistema de creencias. El ego tratará de imponerse, y el temor podría presentarse en tu pensamiento. Los pasos de acción consisten en que examines detenidamente tus respuestas.

Vuelve a contestar esas preguntas, esta vez con respuestas de resultados finales, respuestas que salgan del lugar del amor y la verdad.

PASO TRES
Completa las siguientes oraciones:
1. Me percibo a mí mismo como los demás me perciben, como _____
2. Mi vida es _____
3. Mis finanzas son _____
4. Lo más importante en mi vida es _____
5. Me califico como _____

¡Felicidades! Has alineado el propósito de tu alma con tu verdadero ser.

 AFIRMACIONES

Escribe y di las siguientes afirmaciones:
1. Me gusta dar amor y aceptación a los demás.
2. Soy digno y merecedor.
3. Me libero del yugo del resentimiento y de todos aquellos que no apoyan mi visión.
4. No controlo a los otros a través de la culpa.
5. Acepto que estoy exactamente donde debo estar en mi vida.
6. Me aprecio amorosamente a mí y a los demás.
7. No tengo culpa ni vergüenza en mi vida.
8. Confío al Universo el suministro de completa claridad en mi vida. ¡Ahora!

10
Visualiza la vida que quieres

La visualización es la herramienta más efectiva para manifestarte en la zona espiritual, Lo que imaginas, puedes crearlo.

De los cinco sentidos físicos, nuestra agudeza visual es el más desarrollado y en el que más frecuentemente confiamos. Pensamos en imágenes. "Imaginamos" los puntos de nuestras vacaciones a Italia: las elegantes, floridas curvas de las escaleras españolas, la espectacular extravagancia de la Fontana de Trevi, el medallón del cielo azul que se cuela por el techo del Pantheon. Visualizamos en infinitos colores y el mayor detalle. Usamos la expresión "Veo" para indicar que comprendemos algo. De los muchos estilos de aprendizaje, el visual es el más común. Quienes aprenden de ese modo necesitan ver un diagrama, una ilustración en el pizarrón, un mapa al imaginar indicaciones. Piensan en imágenes. Almacenan recuerdos en imágenes. Crean su futuro en imágenes.

Visualizar es nuestra más efectiva herramienta para llegar a nuestros resultados finales. Entre más tiempo dediquemos a imaginar una escena o cuadro, más claridad tendremos en los detalles. Entre más específicos sean los detalles que imaginemos, más podremos concretar nuestra visualización en la realidad física. La visualización nos ayuda a establecer todos los detalles del "qué" que queremos, aportando al Universo indicaciones más específicas mientras procede a ocuparse del "cómo".

Una historia en imágenes

Contempla el siguiente ejercicio para experimentar el poder de la efectiva visualización: imagínate caminando por un vacío, angosto camino rural. No hay coches. A la distancia, asentada sobre una pequeña elevación a la izquierda, está una estructura. Conforme avanzas por el camino, adviertes que de hecho estás viendo dos estructuras; poco después te das cuenta de que una de ellas, la más cercana a ti, es una casa. Atrás está un granero, alguna vez pintado de rojo, y ahora desvanecido a un gastado color ladrillo. La casa es una estructura de una sola planta de madera sin pintar con un largo portal cubierto que da vuelta en una esquina y se pierde de la vista. Un par de anchos peldaños conducen al portal. Algo se mueve rítmicamente ahí, ¿un columpio? ¿Una mecedora? Un tenue rastro de polvo baja por el caminillo hasta el camino principal. Fijas la mirada para ver de dónde viene ese polvo. No ves ningún auto. ¿Es una persona a pie? ¿Una bicicleta? Después de dar varios pasos ves que podría ser un caballo; no, es un perro, un enorme perro café. ¿Un gran danés? No, un sabueso de algún tipo. Mientras oyes su débil ladrido, ves subir una persiana en una ventana. Una figura en la ventana se asoma, ve primero al perro, luego a ti, a una larga distancia camino arriba. Una vieja cerca de vallas hendidas serpentea junto al camino, conteniendo apenas una milpa indómita y seca.

La puerta del frente está pintada con margaritas. Parece recién pintada, su brillantez presencia una celebración contra la monocromía pareja de las gastadas tablas de cedro, los pardos campos, el caminillo de tierra, el perro café, el polvo. Alguien hizo una feliz declaración con las margaritas. Hay un columpio en el portal, balanceándose suavemente. ¿Alguien se mece en él? Sí, acostado. Te acercas un poco y determinas que es una niña. Está tendida en el asiento con un vestido liso, colgada una pierna descalza, los dedos dando ocasionalmente un leve empujón contra las maderas del piso. Su cabello es una trenza rebelde, rubia como la paja. Un gato moteado está echado en el barandal del portal. Hay un viejo triciclo rojo con salpicadera blanca y una pequeña pila de periódicos junto al asiento. Un vaso verde pálido está en el suelo. Quien subió la persiana dentro, antes había estado leyendo el periódico en el portal, supones. Tomando un té helado.

Ahora estás en el caminillo, subiendo la tenue pendiente. El perro se ha acercado a ti, ya sin ladrar. Agita su larga cola. Le dejas olisquear tu mano, y luego rascas detrás de sus orejas. Ya son amigos. No lleva collar. Sus orejas son sedosas y blandas, inusualmente blandas para un sabueso. Es grande. Un sabueso de Rodesia, tal vez, pero sin cresta. Girasoles secos flanquean el caminillo, con sus pesadas, despepitadas cabezas colgando de vergüenza por su perdida hermosura. El perro camina a tu lado. Te sientes bienvenido. A tu derecha, un columpio de llanta cuelga de un roble lleno de vida. La niña en el columpio del portal se yergue. La saludas haciéndole señas con la mano y ella se saca el pulgar de la boca y alza tentativamente la mano hacia ti con una sonrisa de boca cerrada.

Un camino de baldosas cruza el pasto descuidado hasta los peldaños del portal. Una maceta de caléndulas anaranjadas reposa en el lado derecho del peldaño de en medio; junto a él está un vacío tazón de cereal con una cuchara dentro. La niña camina hacia ti. Es pequeña, tal vez de cinco años. Tiene ojos azules y pecas en las mejillas. Su vestido es de amarillo pálido, con pliegues en la cintura. Hay una costra en su rodilla izquierda y una línea tenuemente impresa en su mejilla derecha, sobre la que estaba tendida contra la tabla del columpio. En necesidad de sostener algo, toma al gato. Éste se tiende complacientemente en la curva de su brazo. Tú adviertes un hoyuelo en su codo. El gato salta desde sus brazos y baja los escalones, se frota contra tus pantalones caquis en tu tobillo izquierdo. La niña te recibe con un cordial abrazo.

Yo uso esta historia en imágenes como un ejemplo de cómo una escena visualizada puede volverse crecientemente real cuando llenas los detalles. Desde una vaga, distante casa rural en una colina, nuestra visualización cobró específica, única vida gracias a detalles adicionales conforme nos acercamos; los girasoles secos, la puerta de margaritas, la costra en la rodilla de la niña. Ésta es la clave del éxito en el uso de la visualización como efectiva herramienta para crear nuestros resultados finales. Entre más exactos y detallados seamos al imaginar lo que queremos, más pronto la energía universal podrá alentar vida en los elementos específicos de nuestras imaginaciones.

Tu vida como un lienzo en blanco

Considera que eres un niño que no conoce límites. Imagina que yo te di algunos utensilios de arte —pinturas de aceite, finos pinceles y un lienzo preparado— y que te pedí que pintaras un cuadro de tu vida ideal, sea lo que quieras de ella. Puedes pintar lo que se te antoje. Es sólo para ti. Nadie lo juzgará. ¿Qué ves en esa pintura?

Cada momento de tu vida, tienes ese lienzo ante ti y eres libre de hacer con él lo que quieras. La decisión es tuya siempre. En tu pincel tienes el poder de crear la vida que deseas. Mientras más finos sean los detalles que puedes establecer, más exactamente identificarás los elementos específicos de tu vida. Entre más específico, más fácil le será a la energía universal alentar vida en tu cuadro y brindártelo en la realidad física tridimensional.

Aunque uso la pintura como una metáfora, tu vida misma es en realidad una obra de arte. Es perfectamente única y exclusivamente tuya. Sólo tú puedes visualizar tu vida. Sólo tú eres capaz de crearla. Esto es tanto un increíble don como una enorme responsabilidad. ¿Te darás permiso de crear para ti lo que realmente deseas?

Consciente o inconscientemente, creas para ti todo el tiempo. ¿La vida que tienes es la vida que quieres crear para ti? Si es así, ¡tienes motivo para celebrar! Si no estás satisfecho con tu vida, es momento de visualizar algo diferente. Tienes el lienzo y los pinceles. ¿Qué quieres invitar en tu vida? ¿A quién quieres invitar? ¿Qué quieres crear? Tus opciones son interminables, y siempre estás inspirado. Serénate y escucha tus deseos en el silencio de tu corazón. Identifícalos y visualízalos en todas sus detalladas particularidades.

Piensa en la visualización de la niña en el portal de la casa rural. Haz tu propia imagen de tus deseos en tu vida. Al principio será general. Está bien. Un pintor empieza con formas simples. El secreto es no dejar nunca de identificar los detalles. Tu tarea de visualización es afinar los detalles hasta que te familiarices por completo con las más íntimas particularidades de lo que quieres para ti. Luego sabrás exactamente adónde te diriges en la vida, y podrás identificar las indicaciones paso a paso que te llevarán allá. Si tu visualización no es perfectamente clara, no sabrás cómo lograrla y te estancarás y desviarás en el camino.

La obra maestra de ti mismo

Busca un lugar tranquilo. Visualiza un espacio en tu corazón que contenga lo que mereces crear para ti en esta vida. Respira en ese espacio, liberándote de todos los juicios. Tómate todo el tiempo que necesites. Después de que hayas encontrado esa zona de confort y permanecido en ella un rato, observa qué quieres crear para tu vida en ese momento particular. Dale las gracias a tu corazón por su activa presencia en tu traslado a tu espacio creativo.

Ahora imagínate en tu estudio de arte ideal. Tal vez sea un cobertizo lleno de luz en tu jardín. Está soleado y es confortablemente cálido. Una pequeña fuente en el patio bulle apaciblemente al fondo. Hay claros de luz solar en las losetas de barro del piso. Éste es tu espacio de trabajo creativo ideal. Todos tus utensilios de arte favoritos están dispuestos en la mesa de piedra frente a ti. Tienes todos los instrumentos creativos imaginables. Ves lienzos, pinceles, las más finas pinturas y óleos, madera, metal, papeles, agua, rocas, telas y mucho más. Ve todos los demás elementos e instrumentos. Parado ahí en ese estudio de arte ideal, alienta al artista en ti, el creador. Respira en este momento larga, lenta y profundamente.

Al crear la obra de arte que representa lo que has encontrado en tu corazón, debes saber que es perfecta. Al crear tu obra de arte, alienta vida en ella. Al terminar, da un paso atrás y acepta su belleza y perfección. Mientras abrazas su belleza y perfección, recuerda que puedes regresar a tu estudio de arte en cualquier momento y crear una y otra vez. Recuerda que puedes crear cualquier cosa de nuevo. Visualiza un objeto desde tu estudio que puedas llevar contigo dondequiera que vayas, un objeto que sirva para recordarte la energía artística y creativa que posees para crear algo para ti en esta vida. Puedes visualizar que ese recordatorio está contigo todo el tiempo.

Nunca estás solo

Debes saber que nunca estás solo; que en cualquier sincera intención que te propongas, eres guiado más allá de lo que nunca imaginaste. Cuando abraces tu creatividad, el Universo te enseñará el camino. Serás puesto en contacto con todo lo que necesites para manifestar tu visualizada intención. Manténte abierto a la forma en que la ayuda aparecerá en tu vida. No siempre es perceptible a primera vista. Pero está ahí. Confía en eso. Permite que la magia se desenvuelva. Ábrete a lo inesperado, a los milagros. Ocurren a todo tu alrededor y para ti.

EJERCICIOS

Quiero que hagas una lista de comprobación de visualización conmigo. Regresa a esa lista, o a sus elementos individuales, tanto como quieras para reforzar áreas específicas.

1. En este ejercicio no quiero que escribas. Quiero que sientas, confíes y seas. Imagínate como un lienzo en blanco. Yo acabo de darte una caja de bellas y coloridas pinturas de alta calidad. En tu mente, pinta para mí una imagen de ti mismo.

2. Cierra los ojos y piensa en esto:
   - ¿Cómo quieres que sea tu vida?
   - ¿Qué apariencia quieres que tenga?
   - ¿Cómo quieres ser tú?

3. Cree de veras en que todo esto es posible. Puedes tener todo esto. Ahora escribe: "¡Acepto esto en mi vida ahora!"

4. Escribe: "Doy gracias por todas estas bendiciones y por todo el conocimiento que mi ser superior está recibiendo".

5. Piensa en el mejor momento de tu vida. Ahora cierra los ojos y visualiza ese lugar, los sentimientos, personas y sucesos, ahora mismo.

6. Recuerda la sensación que esa alegría y felicidad te procuró. Traslada esa sensación a tu vida diaria actual.

7. Antes de actuar o tomar decisiones en tu vida, pregúntate:
   - ¿Cuál será el resultado?
   - ¿Vale la pena?
   - ¿Realmente lo deseo?

8. Empieza a confiar en tu voz interior. Confiar en ti mismo es una parte importante de este trabajo.

9. Empieza a operar desde un mundo de amor y com-pasión. Antes de hacer cualquier cosa, pregúntate: "¿Esta acción procede de la mente de mi ego? ¿O de mi ser amoroso y compasivo?" Espera la respuesta: la recibirás. Escúchala y acéptala.

 **AFIRMACIONES**

Escribe y di las siguientes afirmaciones, regresando para reforzar aquellas que tengan especial resonancia para ti:

1. ¡Hoy es el primer día del resto de mi vida!
2. Soy grandioso, compasivo y agradecido con todos y todo en mi vida.
3. Permito mi verdadero amor en mi vida.
4. Sólo experimento sentimientos de amor, bondad y compasión.
5. Llevo a cabo todos mis proyectos e ideas, y soy compensado con ilimitadas finanzas.
6. Todos mis sueños se cumplen.
7. No tengo limitaciones en mi conciencia.
8. Tengo vigor y persistencia en mi vida.
9. Todas mis afirmaciones se vuelven realidad para mí en mi vida, ¡ahora!

Epílogo

Habiendo leído los capítulos y trabajado los ejercicios y afirmaciones de este libro, has aprendido cómo llegar a la zona espiritual despertando tu conciencia, liberándote de tu pasado emocional y practicando el perdón para tener el amor que mereces. Has aprendido cómo permanecer en la zona espiritual activando tu poder de decidir, reconociendo que tienes apoyo y cambiando antiguos patrones. Y ahora, has aprendido cómo manifestarte en la zona espiritual conociéndote como creador, practicando la visualización, la libertad financiera y el servicio a los demás. Si has sido atento y diligente a lo largo del camino, para este momento habrás empezado a tener una auténtica y completa experiencia personal de la vida en la zona espiritual.

Habrás identificado a un compañero de viaje específico y quizá a varios o incluso muchos aliados espirituales a lo largo del camino. Al practicar la presencia atenta en la zona espiritual, encontrarás cada vez más aliados espirituales conforme avanzas en tu vida diaria. Debes saber siempre que yo soy tu compañero de viaje, que nunca estás solo en este camino. Si dudas o resbalas, vuelve a leer este libro; mi energía y presencia están guardadas aquí para ti en esas indicaciones y palabras de aliento.

Deseo que conozcas la desbordante alegría que sentirás cuando experimentes el flujo de tu propia espiritualidad. Tu amorosa energía y confianza en la abundancia espiritual atrae amor y todo tipo de abundantes recursos a tu vida. Recordando que todos somos uno, yo crezco y florezco contigo mientras tu compromiso con la zona espiritual te propulsa aún más al amor y la luz.

¡Disfruta el viaje!

Con amor,
GARY

Posdata

Correspondencia de la zona espiritual

Como dicto conferencias y dirijo seminarios sobre la zona espiritual, frecuentemente oigo hablar a los participantes acerca de las alegrías, éxitos y milagros que han llegado a su vida desde que entraron conscientemente a la zona espiritual. He decidido compartir contigo algunas de esas "tarjetas postales" de tus compañeros de viaje, con la esperanza de que encuentres consuelo e inspiración en ellas. En consideración de los remitentes, sólo los he identificado con su nombre propio.

DE DONNA:

Asistí a un taller sobre la zona espiritual, y tuve el honor de ser elegida como segunda participante de Gary. Me sorprendió un poco lo difícil que me fue decir: "Soy tan buena como todos ustedes", y realmente creerlo. Pero algo sucedió mientras estaba ahí con un micrófono en la mano, frente a un público enorme. Tal vez fue mi ángel de la guarda murmurando a mi oído: "Dilo, porque es verdad, y porque tu carrera fotográfica significa para ti más que cualquier otra cosa en el mundo". Gracias a la guía de la zona espiritual, pude expresar esa afirmación. Cuando llegué a casa después del seminario, me esperaba una carta de la International Library of Photography (Biblioteca Internacional de Fotografía). El material que había enviado al concurso de fotografía había llegado a la semifinal, y luego mis fotografías fueron elegidas para ser publicadas en una antología de próxima publicación.

DE BRIAN:

Después de asistir a un taller sobre la zona espiritual, empecé a manifestar mi energía positiva y a transmitirla al Universo. Dos semanas más tarde, muchas interesantes oportunidades en mi carrera actoral empezaron a presentarse. ¡El teléfono sonaba como loco! Me buscaban para audiciones y trabajos. Conseguí dos lucrativos comerciales nacionales en ese periodo de dos semanas después del taller. Puedo sentir la zona espiritual trabajando profundamente dentro de mí y también fuera, a mi alrededor. Sé por experiencia que Gary está "grueso" con esta información.

DE AMANDA:

Mientras leía *May the Angels Be with You* (Los ángeles estén contigo), me dije en voz alta: "Me encantaría conocer a Gary Quinn, ir a uno de sus talleres y tener una consulta privada con él". Tres meses después, me enteré de que Gary dirigiría un taller en Toronto al mismo tiempo que yo planeaba visitar esa ciudad, un "milagro" en sí mismo. Inmediatamente me inscribí en el taller, y desde entonces he seguido manifestándome continuamente en forma milagrosa en la zona espiritual.

DE MARY-JO:

Durante mi trabajo de muchos años como abogada, siempre quise ser artista. Cuando asistí a la plática de Gary sobre la zona espiritual, salí tan inspirada que no dejaba de decirme que era una artista. Trabajé con la afirmación de "Soy una artista de renombre mundial", y los dos últimos meses han sido increíbles. Acabo de clausurar mi primera exposición, en la que vendí todas mis obras, y también recibí mis primeros encargos. Sólo puedo esperar que otras personas puedan dar ese primer paso hacia la vida en la zona espiritual. Es un increíble sentimiento de amor lo que hago, y soy apreciada y compensada por eso.

DE SHARON:

He vivido intencionalmente en la zona espiritual desde hace alrededor de dos años. Hace un año, sintiéndome muy rebasada por el mercado inmobiliario local, usé principios de la zona espiritual y dirigí mi resultado final a una casa que pudiera permitirme comprar. Me di un plazo de cuatro meses y visualicé una permisible casa antigua que pudiera renovarse. Respondí a un anuncio sobre la posibilidad de comprar una casa histórica de 1904, a 1 dólar, del gobierno de la ciudad de Portland. El trato era trasladar la casa fuera de la propiedad del gobierno. Éste aportaría 20 000 dólares para los gastos de traslado. Ahora estamos desempacando y firmando los últimos documentos de esta encantadora y antigua casa familiar. ¡La manifestación en la zona espiritual realmente funciona!

De Leslie:

Gary Quinn nos ha enseñado tanto a mi hija como a mí a vivir en la zona espiritual. "Actuamos como si" mi hija ya tuviera una exitosa carrera de modelaje, y en realidad se ha vuelto un éxito. ¡Nos hemos concentrado en ese resultado final y su carrera sigue ahora un rumbo muy positivo! Ella está apareciendo en muchas revistas, en espectaculares, el *Today Show* (Programa Hoy) y en videos musicales. Los principios de la zona espiritual realmente hacen que se manifiesten milagros.

De Tammy:

Yo estaba enferma y enfrentaba muchas opiniones diferentes sobre cómo tratar la hipoglucemia, el hipotiroidismo y ataques de pánico. Parecía que probaba algo y me sentía peor en vez de mejor. Después de asistir a un taller sobre la zona espiritual, me comprometí de verdad con mi viaje de curación. Finalmente puedo decir que me siento segura en mi curación, y creo que en mi vida están sucediendo cosas buenas. Cada día me siento más fuerte, amorosa y viva que en los últimos diez años.

De David:

Vivir intencionalmente en la zona espiritual ha creado un cambio en mi conciencia, del estrés a la relajación y los resultados finales. He creado una exitosa nueva empresa y conocido a mi nueva esposa. Acabamos de comprar "la casa de nuestros sueños" en Hawai. Amarme conscientemente y dirigir mi atención a mis resultados finales me ha dado la vida que siempre soñé. Trata de vivir en la zona espiritual. ¡Te aseguro que te fascinará!

Lecturas concienzudas
sobre la zona espiritual

Akers, Keith, *A Vegetarian Sourcebook* (Libro de consulta vegetariana), Vegetarian Press, Arlington Va., 1983.

Braden, Gregg, *Walking Between the Worlds: The Science of Compassion* (Caminando entre los mundos: La ciencia de la compasión), Radio Bookstore Press, Washington, 1997.

Chopra, Deepak, *The Seven Spiritual Laws of Success* (Las siete leyes espirituales del éxito), Amber-Allen, San Rafael, 1994.

Cole-Whittaker, Terry, *Every Saint Has a Past, Every Sinner a Future* (Cada santo tiene un pasado, cada pecador un futuro), Jeremy P. Tarcher/Puttnam, Nueva York, 2001.

Dayton, Tian, *The Magic of Forgiveness* (La magia del perdón), Health Communications, Deerfield Beach, 2003.

Dwoskin, Hale, *The Sedona Method* (El método Sedona), Sedona Press, Sedona, 2003.

Finley, Guy, *Freedom from the Ties That Bind* (Libertad de los lazos que nos atan), Llewellyn Publications, St. Paul, 2000.

Ford, Debbie, *The Secret of the Shadow* (El secreto de la sombra), Hodder Mobius, Londres, 2002.

Ford, Debbie, *The Right Questions* (Las preguntas correctas), Hodder Mobius, Londres, 2004.

Gooch, Brad, *Godtalk* (Palabra de Dios), Alfred A. Knopf, Nueva York, 2002.

Hamilton, Maggie, *Coming Home* (Volver a casa), Viking Press/Penguin Group, Londres, 2002.

Hemingway, Mariel, *Finding My Balance* (En busca de mi equilibrio), Simon & Schuster, Nueva York, 2003.

Henner, Marilu, *Total Health Makeover* (Total transformación de salud), HarperCollins, Londres, 1998.

Humphrey, Naomi, *Understanding Meditation* (Comprendiendo la meditación), HarperCollins, Londres, 1998.

Inglis, Les, *Diet for a Gentle World* (Dieta para un mundo apacible), Avery Press, Londres, 2000.

Myss, Carolyn, *Sacred Contracts* (Contratos sagrados), Three Rivers Press, Nueva York, 2003.

Okawa, Ryuo, *The Starting Point of Happiness* (El punto de partida de la felicidad), Lantern Books, Nueva York, 2001.

Ruiz, Don Miguel, *The Four Agreements* (Los cuatro acuerdos), Amber-Allen, San Rafael, 1997.

Sasson, Gahl y Steve Weinstein, *A Wish Can Change Your Life* (Un deseo puede cambiar tu vida), Fireside/Simon & Schuster, Nueva York, 2003.

Steinman, David, *Diet for a Poisoned Planet* (Dieta para un planeta envenenado), Harmony Books, Nueva York, 1990.

Titmuss, Christopher, *Mindfulness for Everyday Living* (Conciencia para la vida diaria), Godsfield Press, Londres, 2002.

Yogananda Paramahansa, *Man's Eternal Quest* (La eterna búsqueda del hombre), Self Realization Fellowship (Sociedad para la realización personal), Los Ángeles, 1982.

Yogananda Paramahansa, *To Be Victorious in Life* (Para ser victorioso en la vida), Self Realization Center, Los Ángeles, 2002.

Agradecimientos

Agradezco la incalculable contribución de todas las personas que me han apoyado como persona y como intuitivo asesor motivacional y vital. En especial a los muchos amigos, clientes y personas especiales con quienes he tenido el privilegio de trabajar, porque, en última instancia, todos los que están presentes en nuestra vida apoyan nuestra iluminación y crecimiento espiritual.

Antes que nada, este libro no habría podido escribirse sin la profesional ayuda de Chip Romer. Tu colaboración ha sido muy apreciada, y gracias por tus brillantes habilidades.

Barbara Moulton, mi agente y luz orientadora. Gracias por tu confianza, visión, amistad y paciencia. Agradezco tu continuo compromiso con mi trabajo.

Patricia Gift, gracias por tu devoción, apoyo y amor. Siempre me has inspirado a alcanzar sólo lo mejor.

Gracias especiales a todos en Hodder & Stoughton: Rowena Webb, Isabel Duffy, Briar Silich, Helen Coyle, Eleni y Jacqui Lewis, por permitir que mi trabajo impacte al mundo. Su visión hizo posible este libro. Gracias.

Gracias, HCI/Health Communications Inc., Amy Hughes, Peter Vegso y Gary Seidler, por su visión y persistencia. Gracias, Bret Witter, Tom Sand y Kim Weiss.

Debbie Luican, Nancy Burke, Elizabeth y Christopher Day, Ira Streitfeld, Deb Ingersol y Chad Edwards. Gracias por su discernimiento y su visión para sanar juntos esta Tierra.

Gracias, Robert Lee/Bayonne Entertainment, por llevar mi trabajo a la televisión.

Gracias, REP —Rebel Entertainment Partners, Inc., Talent Agency. Gracias, Richard Lawrence, Susan Haber, Laura Hartman, Angie White, Dawn y Nick, por llevar mi trabajo a la televisión.

Gracias, Evelyn M. Dalton y Patricia Q., por su constante apoyo y amor. ¡Ambas son verdaderamente maravillosas!

Gracias, Christopher Watt, por tu amor, apoyo y entusiasmo.

Gracias, Harold Dupré, por tus talentos artísticos, apoyo y amistad.

Gracias, Ute Ville, Jane Damian y Natassja Kinski, por su amistad y amor.

Gracias, John Maroney, Tom Janczur y Damon Miller, por su constante amistad.

Gracias, Velma Cato, por tu talento, amistad, fe y visión.

Gracias, contador público Bruce R. Hatton, por tu constante ayuda y apoyo.

Gracias, Dave Harding, por tu discernimiento y apoyo.

Gracias, Christin Tippets, Sun Valley, Idaho Chamber of Commerce, Sherry Daech, Carol Waller, Connie Kemmerer, Midge Woods, Marcia Duff y Ann Down, por su energía y apoyo.

Gracias, Amy Harris y Tracy, por su arduo trabajo, amistad y amor.

Gracias, Cheryl Welch, por tu amor, discernimiento, intención y Chapter One Bookstore.

Gracias, Sante Losio y Doriana Mazola, por su amistad.

Gracias, Nik Sakellarides, por tus espirituales talentos musicales.

Gracias, Glennyce S. Eckersley, ¡por tu compañía, amor y talentos!

Gracias, Amelia Kinkade, ¡por tu amistad, apoyo y discernimiento!

Gracias, Mason Citarello y equipo de Mason Jar.

Gracias, Deborah Molinari, por tus talentos y espíritu.

Gracias, Peppe Miele, ¡por Napoletana!, ¡Italia!, ¡Marina del Rey!

Gracias, Andreas Kurz e Iris Loesel, por su amor y amistad.

Gracias, Anne Taylor, por tu constante discernimiento amoroso e iluminación.

Gracias, Jo Carey y The Bodhi Tree Bookstore, por su apoyo.

Gracias, Elena Sahagun, por nuestra conexión como "PISCIS", amistad y amor.

Gracias, Random House UK: Judith Kendra, Sarah Bennie y David Parrish.

Gracias, Random House Canadá: Cathy Paine.

Gracias, Cheryl Murphy, por tu arduo trabajo, compañía, amistad y por hacer una diferencia en la vida de los niños.

Gracias, Nance Mitchell, por tu amistad de toda la vida y apoyo a mi trabajo.

Gracias, personal y voluntarios de Our Living Center. Mi asistente administrativa, Doriana Mazola. Gracias por darme tanto de ustedes.

Gracias, Kelly Wald, por su arduo trabajo y mágicos diseños de páginas en internet.

Gracias, Shirley MacLaine y Brit Elder, por apoyar mi trabajo y permitirme cambiar vidas a través del medio de su programa en IE Radio.

Gracias especiales a Linda Mize Kelley, vicepresidenta ejecutiva de Lynk Systems, Inc. Es un placer compartir mis principios de asesoría vital con tan perspicaz vicepresidenta y su increíble compañía. Gracias.

Gracias, Patricia J. Gannon Fleming, por tus talentos espirituales.

Gracias, Donna Dysonna, de *Dysonna Magazine*.

Gracias, Nancy Bishop, *Venice Magazine*.

Gracias, Daniel Toll, Glen Hartford y Cinamour Entertainment.

Gracias, Linda Judy-Brim, Konrad Hoenig, Aquarius Calendars y Linda Truedeau.

Gracias, Leeza Gibbons, por tu increíble espíritu y apoyo.

Gracias, Laa Joshua y Nina Paoulucci y Belinda DiBene, por su amistad.

Gracias, Dyan Cannon y Matlin Mirman, por su verdadera amistad.

Gracias, Victoria Manjikian y Beaumont Products, Inc.

Gracias, Esther Williams, por tu belleza, gracia y positivas creencias espirituales. Aprecio nuestros especiales momentos juntos, y espero que haya muchos más.

Gracias, Roberto Benigni, Geoffrey Rush, Vincent Schiavelli, Michael J. Pollard, Janet Caroll, John Travolta, Jonelle Allen, Rebekah Paltrow y Seal, ¡por todos sus talentos y la oportunidad de conectarme con todos ustedes!

Gracias especiales a las siguientes personas:

Paul Jackson, Mark Armstrong, Marina Schmidt, Mark Read, David Pond, Anoja Dias, Gina Webb, Sarah y R.Q., Kris Ayers, Ricky Strauss, Jacky Olitsky, Nancy Procter, Carol Dib, Zee Boyadjian, Donna Delory, Jerry Apadaca y Rochelle Vallese, Bron Annette Frehling, Sandra Mesa, Shannon Factor, Gail Pierson, Hilda, Delaina Mitchell, Rolanda Watts, Liza Sullivan, Sylvia Castillo, Dottie Galliano, Barbara Deutsch, Ken Campbell, Gloria Tredent, Francesca Moroder, Sharon Tay, Richard Ayoub, Lucia Moro, Brian Wright, Sally Lear, Mapi M., Shiela Huber, Toni Galardi, Michelle Franguel, Jean Louis y Peggy Dupre, Realtime, Kathy Talbot, SPANI, Marcelle Dupre, Lory Barra, Debbie Dalrymple —Hedra News, Gena Lee Nolin, Tara Rivas, Brad Gooch, Christine Thomas, Debbie Ford, Dana Ware, Ivan Allen, Ann Rutter, Rachel Miller, Monica Pelayo, Maggie Hamilton, Stephanie Scheier, Amanda Hayward, CFRB-Canada, Kavita Daswani, Karman Graham, Nididi Nkagbu, Rob Lloyd, Arielle Ford, Simone Vollmer, Diana Jordan, Doreen Virtue, Marcia Brandwynne, David Sersta, Marie Anne Guinto, Kim McArthur, Elisabeth Golden, Angela Quaranta, Helen Hoehne, Stephani Saible, Verna Hebling, doctor Gerald Jampolsky, Keith Baker, Devin, Ashlee, Michael Franchino, Kate Bolyn, ANI, Michelle Collins, Concetta Tomei, Lacine Forbes, Leah Tenderfoot, Anna Gabriel Ouroumian, Maureen Driscoll, James Twyman, Elizabeth Stephens, Cheryl Eckler, Annie Zalezsak, Angela Quaranta, Christal Curry, David Jeans, Martin Allaire, Miriam Khullar, Kevin de World Travel, Glennyce Eckersley, Liz Guevara, Joann Hammond, Deepak Chopra, Denise Linn, Diana Kane Britt, Jana Halvorson, Nick Wilder, Mariel Hemingway, Bruno Allaire, Marc Henri Caillard, Eva Marie, Kurt Knutsson, Storm

Balchunas, Kathryn Melton, Paulo Figueiredo, Sandra Cooper, The Learning Light, Kathy DeSantis, Louise Hay, The Voice Box —Traci Patton, Brent Backhus, Claudio y Adria Blotta, Terry Cole-Wittaker, Alternatives-UK —Richard Dunkerley y Steve Nobel, Victoria Stewart Glick, Deb Agam, Frank Smith, Caroline Sutherland, Craig Campabaso, Joy Todd, Herb y Lynda Tannen, Bridget Gibson, Cheray Unman, Lee Dos Santos, Carolyn Burdet, Jennifer y Courtney Eads, Peter y Karen Rafelson, Wilke Durand, Patricia Gaza de Sullivan, Leslie Williams, Russ Pisano, Serafina Pechan, Kona Carmack, Don Skeoch, Gloria e Yvonne Ohayon, Maha Dib, Michel El Daher, Alexander Daou, Andrea Zanelli, Carol, Shannon y Brian Sheehan, Marie Rose Zard, Matthew Miley, Carol Campbell, Joan H. DeMayo, Frank Fischer, Angel y Eric R. Rhoades, Asha Madhawan, Douglas y Lisa Preston, Tracie Austin-Peters, Luc Leestemaker, Mary Griffin, Wally Barela, *Awareness Magazine* —Darby Davis, Rick, Irene Crandell, Barbara Groth, Sierra Dickens, Sadie Jacobs, Athenia, Jamie Kabler, Patrica Sardella, Mark Bass, Lillian Too, Joann Turner, Tim Burke, Shari Meyers Gantman, Laura Powers, Nicole Bilderback, Marc Malvin, Tom Butler, Kim Corbin, Wilke Durand, Sharon Botchway, Angella Conrad, Charlie Schlafke, Brent Backhus, Eric Tiperman y Craig, Marion Renk-Richardson, Harold A. Lancer, Brigette Schwenner, Mark Thallander, Joie Gaty, Stuart Benjamin, Mary Watt, Kim y Johan Uyttewaal, Jacqueline y Jerry Anderson, Maggie Roepke, Kevin Spirtis, Artie Cabrera, Andrea Morgan, Desomond y Beverly Hayes, Jennifer y Courtney Eads, Peter Kennedy, Wendy Peckingpaugh, Nadine Cutright, Sari Colt, Amanda Pisani, Shari Carr, Mutsumi y Paul Appleby, Mark y Amanda Hughes, doctor David Walker, Janice O'Gara, Stephen Halpern, Gahl Sasson, Victoria Jennings, Hatty Hoover, Lucrietia Jones, Sasson, Eric y Karlyn Pipes-Nielson, Sandra Ingerman, Rebecca Lopez, Janet Wilder, Beverly, Johannterhoff Seminar House, Alemania, Wolfgang y Uschi Maiworm, Ivan Kavalsky y Veronica De Laurentiis.

GRACIAS A TODOS

En cuanto a aquellos a quienes haya omitido inadvertidamente, espero que puedan perdonarme.

El Living Center-Touchstone for Life Coaching Center

(Centro de Asesoría del Centro Vital-Piedra de Toque para la Vida)

Información de contacto
para talleres, cursos y capacitación

Gary Quinn es fundador del Our Living Center-Touchstone for Life Coaching Center (Centro de Asesoría Nuestro Centro Vital-Piedra de Toque para la Vida), con sede en Los Ángeles, que capacita y transforma a individuos para crear exitosos resultados en su vida. Gary Quinn y el personal de Our Living Center pueden ayudarte a cambiar tu vida, ofreciendo talleres, cursos, asesoría privada, boletines, cursos intensivos de fin de semana, conferencias inaugurales, consultoría y capacitación para ser un Touchstone for Life Coach (Asesor de Piedra de Toque para la Vida) certificado.

Nuestra amplia y profunda capacitación de asesoría te dará las habilidades y seguridad que necesitas para convertirte en un Touchstone for Life Coach que pueda trabajar para apoyar a individuos a vivir en la zona espiritual. El Certified Touchstone for Life Coaching Program (CTLC) es un proceso intensivo de cuatro meses que te guiará para descubrir y liberar tu peculiar estilo al tiempo que te capacitas para ser un Touchstone for Life Coach, usando las herramientas y principios presentados en *10 pasos para cambiar tu vida*.

Para mayor información, contacta o visita:
  Our Living Center-Touchstone for Life
  PO Box 16041
  Beverly Hills, California 90209 EUA
  www.ourlivingcenter.co
  www.garyquinn.tv